밤하늘의 선물
# 별자리 이야기

밤하늘의 선물
# 별자리이야기

Dot To Dot In The Sky

| 조앤 힌즈 지음 · 승영조 옮김 |

승산

Dot To Dot In The Sky

Copyright ⓒ 2001 by Joan Hinz

First published by Whitecap Books, Vancouver/Toronto

Korean translation rights ⓒ 2003 by Seung San Publishers

This edition published by arrangement with Whitecap Books Ltd. through THE agency, Seoul

이 책의 한국어판 저작권은 THE 에이전시를 통한 Whitecap Books와의 독점계약으로 한국어 판권을 도서출판 승산이 소유합니다. 저작권법에 의하여 한국 내에서 보호를 받는 저작물이므로 무단전재와 복제를 금합니다.

**영재과학 시리즈 천문학 편**

## 밤하늘의 선물 별자리 이야기

| 1판 1쇄 펴냄 · 2003년 6월 23일 | 1판 8쇄 펴냄 · 2011년 11월 7일 |
| 지은이 · 조앤 힌즈 | 그린이 · 츠아오 위, 쥐에 왕 |
| 옮긴이 · 승영조 | 감수 · 이태형 | 펴낸이 · 황승기 |
| 마케팅 · 송선경 | 펴낸곳 · 도서출판 승산 |
| 출판등록 · 1998. 4. 2 제 16-1639 |
| 주소 · 서울특별시 강남구 역삼 2동 723번지 혜성빌딩 402호 |
| 전화 · 02-568-6111 | FAX · 02-568-6118 |
| 이메일 | books@seungsan.com |
| 웹사이트 | www.seungsan.com |
| ISBN   978-89-88907-48-1   74440 |

● 도서출판 승산은 좋은 책을 만들기 위해 언제나
 독자의 소리에 귀를 기울이고 있습니다.

## 감 사 말

아낌없는 도움을 주신 오디시움(에드먼턴 우주과학센터)의
천문학자 프랭크 플로리언, 캐나다 왕립천문학회 회장을 지내신
앨버타 대학의 더글러스 허브 명예교수께 감사드립니다.

## 차례

밤하늘을 바라봐요 **9**

별자리 찾기 **11**

필요한 장비 : 맨눈과 손전등 **12**

큰곰자리 **13**  작은곰자리 **16**

용자리 **18**  세페우스자리 **20**

카시오페이아자리 **22**

페르세우스자리 **24**

목자자리 **26**

북쪽왕관자리 **28**

백조자리 **31**

거문고자리 **33**

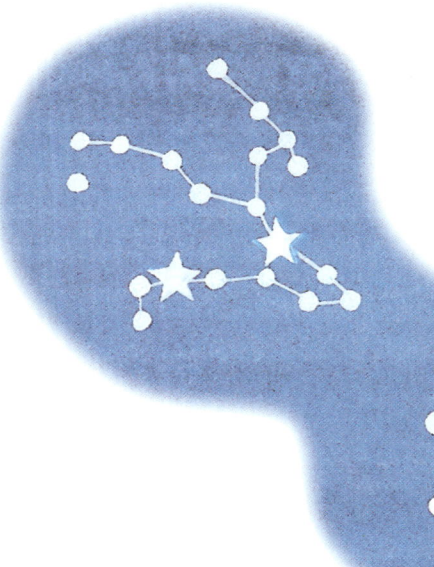

독수리자리 **35**

돌고래자리 **38**

페가수스자리 **40**

황소자리 **43**   오리온자리 **46**

천문학 : 평생의 취미 **49**   별자리 목록 **50**

낱말풀이 **53**   찾아보기 **56**

우리나라의 사계절 별자리 **60**

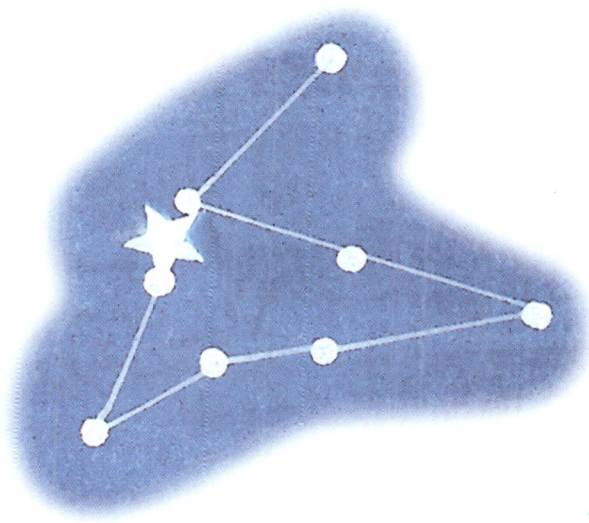

함께 별을 바라 볼수 있는 여러분에게…

## 밤하늘을 바라봐요!

지구를 둘러싸고 있는 끝을 알 수 없는 거대한 하늘에는 수천 억 개의 별들이 반짝이고 있답니다. 모든 별은 우리 태양처럼 불타는 공 모양의 기체로 이루어져 있어요. 별들은 너무나 멀리 있기 때문에 밤하늘에 반짝이는 점처럼 보이죠.

망원경 없이 맨눈으로 볼 수 있는 별은 약 3,000개쯤 된답니다. 달빛이나 도시 불빛이 없고, 공해도 없는 맑은 날 밤에, 한 곳에서 바라볼 수 있는 별은 2,500개쯤 돼요. 망원경으로 보면 훨씬 더 많은 별을 볼 수 있지요.

아득한 옛날부터 사람들은 밤하늘의 신비에 매혹되었답니다. 그래서 별들을 바라보며 멋진 그림과 이야기를 상상했어요. 사람들은 그 그림 모양의 별들을 별자리라고 불렀지요. 지금으로부터 6,000년 전에 수메르 사람들이 양떼를 지키며 밤하늘을 쳐다보다가 처음으로 별자리에 이름을 붙여주기 시작했다고 합니다.

그리고 지금으로부터 약 1,900년 전에 고대 그리스의 천문학자 프톨레마이오스는 48개의 별자리 이름이 담긴 천문학 책 『알마게스트』를 냈어요. 이 책에 쓰인 별자리 이름 대부분이 지금까지 쓰이고 있답니다.

### 우주 이야기

⭐ 현재 우리가 알고 있는 대부분의 별자리는 이미 고대에 만들어진 것들이다.

⭐ 우리가 바라보는 우주는 과거의 우주이다. 별이 500광년 떨어진 곳에 있다면, 그 별빛이 지구까지 오는 데에는 500년이 걸린다. 그러니 우리가 그 별을 보면 500년 전의 별의 모습을 보는 셈이다.

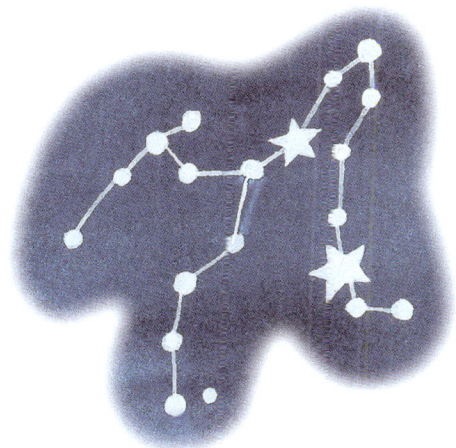

오늘날 누구나 인정하는 별자리는 모두 88개. 그건 국제천문연맹이 1930년에 정식으로 인정한 별자리랍니다.

별자리 이름은 대부분 고대 신화에 나오는 인물들의 이름을 딴 것입니다. 고대 그리스와 로마 사람들은 여러 신들을 믿었지요. 그들은 질병이나 폭풍, 계절의 변화가 왜 생기는지 이유를 몰랐어요. 그래서 여러 신과 영웅, 동물 등에 대한 이야기를 꾸며내서 그 이유를 설명하려고 했답니다. 신화 속의 인물들이 세상을 뜬 후 하늘의 별이 된 이야기를 만들어내기도 했지요.

어느 별자리가 어떤 신화 속의 인물을 나타내는지 척 보면 알 수 있는 별자리도 있지만, 한껏 상상력을 발휘해야만 알아볼 수 있는 별자리도 있어요.

별자리 찾기를 시작하려면, 먼저 찾기 쉬운 별자리를 딱 하나만 찾아내면 돼요. 그 다음부터는 이 책에 표시된 대로 화살표를 따라가서 점들을 연결하기만 하면, 수많은 별자리를 낱낱이 찾아낼 수 있답니다.

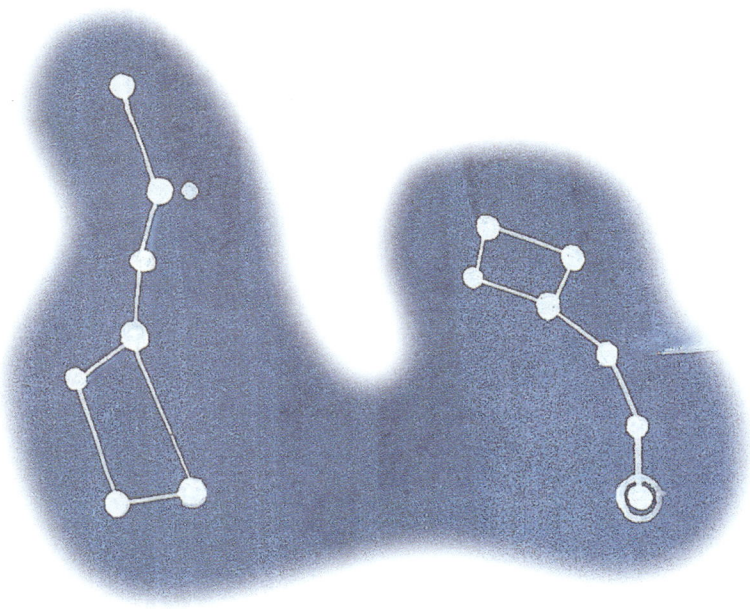

## 별자리 찾기

다음 페이지의 별자리 그림을 이용해서 우선 별자리 하나를 찾아내세요. 유난히 눈에 잘 띄는 별자리가 큰곰자리인데, 그 유명한 북두칠성이 바로 큰곰자리 안에 자리잡고 있답니다. 그 다음부터 화살표를 따라가면, 유난히 밝은 북극성을 쉽게 찾을 수 있어요. 북극성은 작은곰자리의 꼬리에 있답니다. 이런 식으로 화살표를 따라가면 잇달아서 쉽게 별자리를 찾아낼 수 있어요. 별들을 선으로 연결해 놓은 별자리 그림을 성도(星圖)라고 한답니다. 성도를 살펴보면 유난히 크게 그려놓은 별이 있을 거예요. 그건 다른 별들보다 훨씬 더 밝게 보인다는 뜻이랍니다. 가장 밝은 별을 먼저 찾아내면, 그 별이 포함된 별자리를 더 쉽게 찾아낼 수 있을 거예요.

별자리의 모든 별을 다 찾아내야만 하는 건 아니랍니다. 어떤 별은 훨씬 더 멀리 떨어져 있거나 별빛이 아주 약해서 잘 안 보일 수도 있거든요. 초승달만 떠 있어도, 그 달빛 때문에 보이지 않는 별이 많아요. 북극 근처의 별들은 1년 내내, 밤중 어느 때나 볼 수가 있어요. 그런 별들을 주극성(周極星 : 극 주위의 별)이라고 한답니다. 그런데 1년 중 한 계절에만 볼 수 있는 별자리도 있어요. 초저녁에 동쪽 하늘에서 볼 수 있는 별자리를 그 계절의 별자리라고 한답니다. 예를 들어 목자자리는 봄의 별자리예요. 봄의 별자리가 여름에도 보일 수가 있는데, 그럴 때에는 초저녁이 아니라 다른 때에 보이게 된답니다. 별자리는 시간이 흐르면서 위치가 달라져요. 그건 지구가 돌면서 우리의 위치가 달라지기 때문이랍니다. 계절마다 방향이 달라지기도 해요. 예를 들어서 북두칠성의 국자 모양이 똑바로 세워져 있다가 엎어져 있을 수도 있어요.

별자리를 찾기 위해 특별한 장비를 갖출 필요가 없다는 건 정말 마음에 쏙 드는 일이에요. 망원경이나 쌍안경은 별 하나를 살펴볼 때 도움이 되지만, 별자리를 볼 때에는 거의 쓸모가 없어요. 별자리는 맨눈으로 보는 것이 최고랍니다.

### 우주 이야기

☆ 천문학은 우주를 연구하는 과학이다.

☆ 천문학자들은 별빛을 연구해서, 별들의 색깔과 온도, 성분 등을 알아낸다.

☆ 지구의 공기는 항상 움직이고 있다. 그래서 별빛이 살짝 휘게 된다. 별이 반짝이는 것처럼 보이는 것도 그래서이다. 천문대는 보통 산꼭대기에 있다. 산이 높은 만큼 지구의 대기층이 얇아지니까, 그만큼 먼지도 줄어들어서 별을 더 똑똑히 볼 수 있다.

## 필요한 장비 : 맨눈과 손전등

**별자리를 찾을 때 필요한 모든 것**
- 구름이 없는 캄캄한 밤
- 이 책에 실린 별자리 그림
- 계절과 날씨에 맞는 편안한 옷
- 손전등
- 빨간 셀로판지 혹은 빨간 비닐봉지 조각
- 고무줄

빨간 셀로판지나 비닐봉지 조각으로 손전등의 전구를 가린 다음, 고무줄로 묶어요. 손전등을 비춰서 책을 보고 나서 다시 밤하늘을 볼 때, 눈이 좀더 잘 적응하기 위해서예요. 우리 눈에서 빛에 민감한 부분—망막—에는 간상(杆狀:막대모양)세포와 원추(圓錐:원뿔모양)세포라는 게 있어요. 간상세포는 밝고 어두운 것(명암)을 느끼고, 원추세포는 색깔을 느낀답니다. 원추세포는 망막의 중앙에 주로 몰려 있는데, 간상세포는 망막의 바깥 언저리에 주로 몰려 있어요. 그런데 간상세포는 다른 눈 세포보다 희미한 빛을 더 잘 본답니다.

희미한 별을 보려면 똑바로 바라보지 말고 고개를 살짝 돌린 후, 눈동자 언저리로 바라 보세요. 그러면 희미한 별이 더 잘 보인답니다.

### 우주 이야기

★ 밤에는 우리 눈동자가 더 커진다. 그래서 더 많은 빛이 눈으로 들어와서 희미한 것을 더 잘 볼 수 있게 된다.

★ 밝기가 같아도 지평선 가까이 있는 별이 머리 위에 있는 별보다 더 흐리게 보인다. 지평선 쪽은 대기층이 더 두꺼워서, 대기층이 별빛을 더 많이 흡수해 버리기 때문이다.

★ 야외에서 사방에 불이 켜져 있는 게 바로 불빛 공해이다. 불빛 공해가 있으면 우리가 볼 수 있는 별의 숫자가 많이 줄어든다.

# 큰곰자리
(주극성)

하늘에 웬 곰이 있담? 고대 그리스의 전설에 따르면, 신들의 왕 제우스는 칼리스토라는 이름의 요정을 사랑했답니다. 이 요정은 산에 살면서 사냥하길 좋아했어요.
제우스의 아내 헤라는 칼리스토를 시샘해서, 그녀를 곰으로 만들어버렸어요. 칼리스토는 곰이 되었지만 곰처럼 사납지 못했어요. 숲 속을 거닐면서 다른 야수들을 무서워했어요. 사냥꾼도 무서워했지요.
어느 날 그녀의 아들인 아르카스가 사냥을 하러 갔어요. 아르카스는 곰을 발견했는데, 그 곰이 자기 엄마인 줄은 꿈에도 몰랐지요. 아르카스가 창을 들고 곰을 죽이려고 할 때, 마침 제우스가 올림포스 산에서 그걸 내려다보았어요. 제우스는 칼리스토를 구하기 위해 아르카스도 곰으로 만들어 버렸답니다. 그리고 곰 두 마리의 꼬리를 붙잡아서 힘껏 하늘로 들어올렸어요. 뭉툭한 곰 꼬리는 그때 길게 늘어났답니다. 그래서 하늘에 있는 곰 두 마리는 땅에 사는 곰보다 꼬리가 훨씬 더 길어졌다는 거예요. 아르카스(작은곰)의 꼬리는 칼리스토(큰곰)의 꼬리보다 더 길어요. 북극성 둘레를 맴돌면서 꼬리가 더 길어진 거죠.

## 우주 이야기

⭐ 지구는 서쪽에서 동쪽으로 돈다. 그래서 태양과 별들이 동쪽에서 서쪽으로 지구둘레를 돌고 있는 것처럼 보인다. 하지만 실제로 돌고 있는 것은 별이 아니라 지구.

⭐ 별들도 사실은 조금씩 움직인다. 하지만 별들의 움직임은 아주 느리기 때문에 수백년 이상 흐른 후에야 겨우 그 움직임을 관측할 수 있다.

⭐ 적도지방에서는 지구에서 볼 수 있는 모든 별자리를 다 볼 수 있다. 그곳에서 별들은 동쪽 지평선 위로 똑바로 떠서 서쪽 지평선 아래로 똑바로 진다.

헤라는 곰 두 마리가 하늘에 있는 걸 보고 화가 치밀었어요. 그래서 바다를 다스리는 신들에게 하소연해서, 곰들을 우리 속에 넣어달라고 했지요. 하늘에서 쏘다니지 못하게 말예요.

바다의 신 가운데 하나인 오케아노스와 그의 아내 테티스는 헤라의 부탁대로, 곰을 꼼짝 못하게 해주겠다고 약속했어요. 그래서 하늘의 곰들은 땅이나 바다로 내려오지 못하게 되었답니다.

북아메리카 미크맥족 인디언에게는 이 곰에 대한 다른 전설이 있어요. 큰곰자리 안에 큰 국자가 들어 있는 게 보이죠? 인디언들은 그 국자의 손잡이 부분에 있는 세 별을 사냥꾼, 나머지 사발 모양의 네 별을 곰이라고 생각했어요. 손잡이 끝에서 두 번째에 있는 사냥꾼은 곰 고기를 요리해서 먹고 싶어한답니다. 그래서 냄비를 들고 있지요. 사냥꾼 미자르 옆에 있는 작은 별 알코르가 바로 냄비인 거예요. 그리고 가까이 있는 목자자리의 네 별도 사냥꾼이에요.

인디언 전설에 따르면, 큰곰은 겨울잠을 자고 일어나서, 동굴(북쪽 왕관자리)에서 기어나와요. 일곱 명의 사냥꾼은 봄부터 여름까지 내내 곰 사냥을 하지요. 사냥꾼들은 북쪽 지평선까지 곰을 뒤쫓아가서, 가을에 마침내 곰을 붙잡아 죽인답니다. 그 곰의 해골은 이듬해 봄까지 하늘에 남아 있지만, 곰의 영혼은 동굴 속으로 돌아가요.

다시 봄이 되면 새 곰이 태어나서 사냥꾼들에게 쫓기게 되지요. 인디언들은 가을철에 빨간 단풍이 드는 게 바로 이 곰이 죽으면서 흘린 피 때문이라고 상상했답니다.

## 큰곰자리 찾기

큰 국자 모양은 눈에 가장 잘 띄기 때문에, 여러 별자리를 찾는 출발점이 된답니다. 고개를 들고 북쪽 하늘을 바라보면, 큰 국자 모양의 별 일곱 개를 쉽게 찾을 수 있을 거예요. 손잡이 반대편의 별 두 개는 지극성(指極星)이라고 한답니다. 그건 북극성을 가리키는 별이라는 뜻이에요.

일단 큰 국자를 발견하면, 점들을 연결해서 나머지 큰곰자리의 별들을 찾을 수 있을 거예요. 큰 국자가 어디 있는지 못 찾겠다면, 작은곰자리 이야기를 읽고 작은 국자를 먼저 찾아보세요. 어느 국자든 하나만 찾으면 다른 국자도 쉽게 찾을 수 있어요. 큰 국자 모양의 별들을 우리 나라에서는 북두칠성이라고 하지요. 대부분은 북두칠성이 큰곰자리의 다른 말이라고 생각해요. 하지만 북두칠성은 큰곰자리의 일부분일뿐 별자리가 아니랍니다.

### 더 깊은 이야기

- 북두칠성을 포함한 큰곰자리의 북쪽 부분은 우리 나라에서 거의 일 년 내내 볼 수 있다. 특히 봄철에는 북쪽하늘 높은 곳에서 큰곰자리의 전체 모습을 쉽게 찾을 수 있다.
- 옛날 사람들은 북두칠성을 물바가지나 국자가 아니라, 꼬리가 긴 스컹크나 쟁기로 보기도 했다. 독일 사람들은 세 마리의 말이 마차를 끌고 있는 모습이라고 생각했다. 영국 사람들은 아더 왕의 마차라고 생각했다. 로마 사람들은 일곱 마리의 황소라고 생각했는데, 목자자리에서 가장 밝은 별인 아크투루스가 황소들을 몰고 간다고 생각했다. 미국에서 남북전쟁(1861~1865)이 일어나기 전에, 노예들은 북두칠성을 큰 국자가 아니라 물바가지라고 불렀다. 그래서 물바가지를 따라 북쪽으로 가면 자유를 얻을 수 있다는 노래를 불렀다. 하지만 노예 주인들은 물바가지가 뭔지 몰라서 그 노래의 참뜻을 이해할 수 없었다.
- 북두칠성의 국자 손잡이 끝에서 두 번째에 있는 별은 눈이 좋은 사람들에게는 두 개로 분리되어 보인다. 이 두 별의 이름은 미자르(말)와 알코르(기수)인데 고대 아라비아와 그리스에서는 시력검사의 별로 불려지기도 했다.
- 큰 국자 모양을 이루고 있는 일곱 개의 별 가운데 다섯 개는 하나의 성단(星團)에 속한다. 성단은 같은 때에 같은 물질로 만들어져서 서로 가까이 모여 있는 별들의 무리를 가리키는 말이다.

## 작은곰자리
### (주극성)

작은곰자리는 아주 중요한 별자리랍니다. 바로 이 별자리에 북극성이 있거든요. 북극성의 반대편 끝에 있는 두 별은 수호성(혹은 보초별)이라고 해요. 북극성을 수호하는 것처럼 보여서지요. 곰들이 나이를 먹자, 큰곰은 작은곰의 북극성을 탐냈어요. 자기 별들보다 훨씬 더 밝기 때문에, 그걸 훔쳐서 자기 별로 만들고 싶었거든요. 하지만 북극성과 큰곰자리 사이에 수호성이 버티고 있어서 훔칠 수가 없었답니다.

**작은곰자리 찾기**

우리가 북극에 있다면, 거의 똑바로 우리 머리 위에 있는 별이 바로 북극성이랍니다. 앞에 나온 그림처럼 큰곰자리에서 화살표를 따라가면 북극성을 찾을 수 있어요. 혹은 자기가 있는 곳의 위도(緯度)를 이용해서 북극성을 찾을 수도 있어요.
세계지도에는 동서로 평행선이 그어져 있는데, 그게 바로 위도를 나타내는 거랍니다. 적도(위도=0도)에서 얼마나 더 위(혹은 아래)에 있는가를 나타내는 게 바로 위도예요.

북극에서 지구 중심까지 똑바로 막대를 꽂았다고 상상해 보세요. 이 막대는 적도면과 수직(90도)을 이루게 되죠. 그래서 북극은 북위(북쪽 위도) 90도, 남극은 남위(남쪽위도) 90도랍니다. 적도는 물론 0도. 서울은 북위 37도랍니다. 서울에서 막대를 꽂으면 적도면과 37도를 이루거든요. 이제 위도를 이용해서 북극성을 찾아볼까요? 똑바로 북쪽을 향해 선 다음, 팔을 쭉 뻗어서 검지손가락으로 정면을 가리켜보세요. 적도에서 그렇게 하면 이미 북극성을 가리킨 셈이에요. 북극(북위 90도)에서는 팔을 90도 들어올려 머리 위를 가리켜야 해요. 서울(북위 37도)에서 북극성을 가리키려면, 정면으로 뻗은 팔을 37도 들어올리면 돼요(37도는 주먹 네 개 정도의 높이). 대한민국의 가장 남쪽에 있는 마라도에서는 33도!

작은곰자리에서 가장 밝은 별은 북극성, 다음으로 밝은 별은 수호성이랍니다. 일단 북극성과 수호성만 찾으면 나머지 작은곰자리는 쉽게 찾을 수 있겠지요?

지구와 비슷한 팽이의 운동

### 우주 이야기

☆ 지금의 북극성이 항상 북극성인 것은 아니다. 팽이가 기울어서 빙글빙글 돈다고 하자. 그러면 팽이의 회전축 꼭대기가 작은 원을 그리게 된다. 지구도 마찬가지로 기울어서 돈다. 그건 태양과 달의 중력 때문이다. 지축(지구의 회전축)은 2만 6천 년에 한 번씩 원을 그린다. 그건 정북쪽이 조금씩 달라진다는 뜻이다. 앞으로 약 1만 2,000년 후에는 거문고자리에서 가장 밝은 직녀성이 북극성이 된다.

☆ 하늘의 남극에는 남극을 나타내는 남극성이 있다. 하지만 남극성은 북극성에 비해 15배 정도 어둡기 때문에 맑은 하늘에서만 겨우 찾을 수 있을 정도다.

### 더 깊은 이야기

- 북극성은 우리 태양보다 50배나 더 크다. 하지만 지구에서 600광년이나 떨어져 있어서 조그맣게 보인다.
- 우리 태양은 지구에서 가장 가까이 있는 별이다. 지구에서 태양까지의 거리는 약 1억 5천만 킬로미터. 태양 빛이 지구까지 오는 데에는 8분이 걸린다. 북극성은 600년. 북극성을 향해 서 있다면, 그건 정북쪽을 향해 서 있다는 뜻이다. 옛날에 뱃사람들은 육지가 보이지 않을 때, 별들을 길잡이로 삼았다. 별을 보고 뱃길을 찾는 기술(천문항법)은 지금도 뱃사람들에게 중요한 기술이다.
- 북반구에서 볼 때, 북극성 주위에 있는 별을 주극성이라고 한다. 주극성은 극 주위를 도는 별이니까, 남극에도 물론 주극성이 있다. 주극성은 결코 지지 않는 별이므로, 북극이나 남극에서는 머리 위의 모든 별이 주극성이고, 적도에는 주극성이 하나도 없다. 적도에서는 모든 별이 뜨고 지기 때문이다.

## 용자리
(주극성)

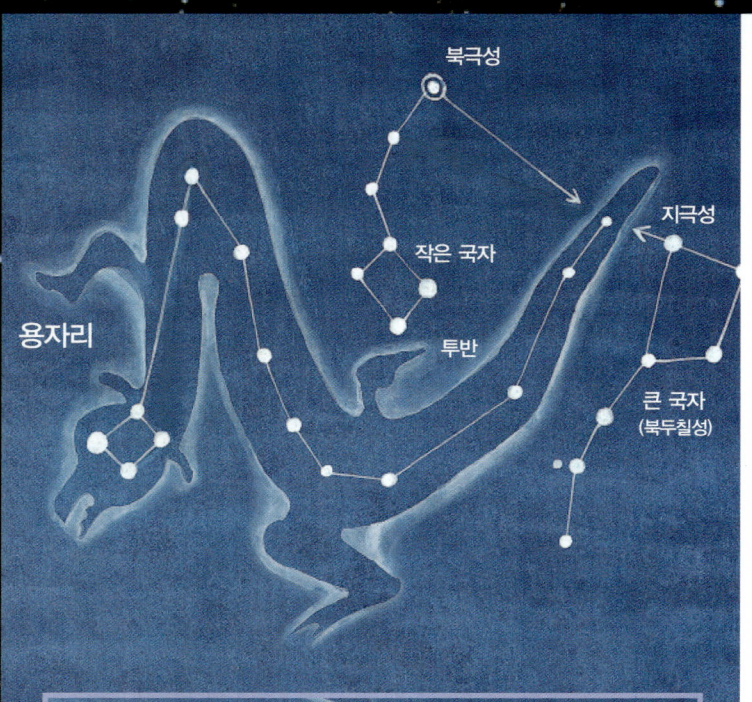

고대 그리스 신화에서, 제우스의 아내인 헤라는 아주 소중한 정원을 갖고 있었답니다. 이 정원에는 황금사과가 열리는 나무가 있었고, 아름다운 요정들이 살았지요.

황금사과를 지키는 게 요정들의 임무인데, 요정들은 황금사과가 너무나 탐스러워서 헤라 여신 몰래 따먹곤 했어요! 그걸 알게 된 헤라 여신은 머리가 백 개나 되는 용을 보내서 황금사과를 지키게 했답니다.

어느 날, 반은 신이고 반은 인간인 헤라클레스가 이 용에게 다가갔어요. 황금사과를 가져가려고요. 그래야 죽지 않는다는 예언을 들었거든요. 하지만 사과를 따려면 용을 무찌르는 수밖에 없었어요. 그래서 용을 죽였는데, 이 용은 죽어서 별자리가 되었답니다.

그리스 신화 가운데 또 이런 얘기도 있어요. 티탄(영어로는 타이탄)들과 올림포스 산의 신들은 10년 전쟁을 벌였어요. 가이아(땅) 여신과 우라노스(하늘) 남신 사이에 난 자녀 12명을 티탄이라고 하는데, 그들은 아버지 우라노스를 몰아내고 막내인 크로노스를 신들의 우두머리로 삼았어요. 올림포스의 신들은 크로노스를 몰아내고 크로노스의 아들인 제우스를 우두머리로 삼으려고 했어요. 아버지를 몰아낸다는 게 참 이상해 보이겠지만, 신들의 전쟁 이야기도 세상이 달라진 것을 표현해서 전허 내려오는 이야기랍니다.

아무튼 전쟁 중에 티탄 쪽에서 용 한 마리를 아테나(전쟁과 공예와 지성의 여신)에게 던졌어요. 아테나는 눈 하나 깜박하지 않고 용을 붙잡아서 하늘로 내동댕이 쳐버렸어요.

그래서 이 용이 지금 북쪽 하늘에서 머리를 떨군 채 잠들어 있다는 이야기가 전해오고 있어요.

## 용자리 찾기

용자리는 길고 구부정한 별자리예요. 별 몇 개가 희미하지만, 이 용을 찾기는 어렵지 않아요. 두 곰 사이에서 살고 있으니까요. 이 용의 꼬리 끝에 있는 별은 큰곰자리의 지극성과 북극성 사이에 있어요. 용의 몸뚱이는 작은 국자를 감싸듯 돌다가 아래로 꺾여 있지요.

### 우주 이야기

★ 사람들이 처음에 별을 연구하기 시작한 것은 날씨와 계절의 변화를 미리 알아내기 위해서였다.

★ 기원전 400년경에, 에우독소스라는 고대 그리스 천문학자는 지구가 움직이지 않으며, 투명한 구들에 둘러싸여 있다고 생각했다. 또한 그는 별들이 가장 바깥 쪽의 구에 붙어 있고, 태양과 행성들은 각각 그 안쪽의 구에 붙어 있다고 생각했다.

### 더 깊은 이야기

용자리의 꼬리에서 세 번째에 있는 별은 투반이라고 부른다. 지금부터 5,000년 전에 고대 이집트인들에게는 바로 이 별이 북극성이었다.

인도 신화에도 이 별자리 얘기가 나오는데, 용이 아니라 악어로 나온다.

## 세페우스자리
(주극성)

그리스 신화에 나오는 세페우스는 에티오피아의 왕이었어요. 그는 카시오페이아와 결혼을 해서 안드로메다라는 딸을 낳았답니다. 카시오페이아는 자기와 딸이 너무나 아름다운 게 여간 자랑스럽지 않았어요. 그래서 어느 날 그들이 바다에 사는 요정들보다 훨씬 더 아름답다고 뽐냈답니다.

그건 큰 실수였어요. 요정들은 바다의 신 포세이돈에게 가서, 카시오페이아가 모욕적인 말을 했다고 고자질했어요. 포세이돈은 화가 치밀었지요. 요정 가운데 한 명이 자기 아내였거든요. 그래서 그는 케투스라는 사나운 고래를 에티오피아로 보냈답니다. 이 고래는 바다 근처에 사는 에티오피아 사람들과 동물들을 마구 죽이기 시작했어요.

사람들은 세페우스 왕에게 고래를 없애달라고 하소연했지만, 왕은 뾰족한 수가 없었어요. 그래서 신탁을 받았지요. 신의 응답이나 명령을 신탁(神託)이라고 한답니다.

점을 치는 게 바로 신탁을 받기 위한 것인데, 고대 그리스에서는 신전에 사는 무녀(여자 점쟁이)들이 신들의 말을 전해준다고 믿었지요. 세페우스는 자기 딸 안드로메다를 해변 바위에 쇠사슬로 묶어놓고 고래 밥이 되게 해야만 고래가 물러갈 거라는 신탁을 받았어요. 세페우스는 어쩔 수 없이 그렇게 했지요. 딸을 고래 밥으로 만들고 싶지는 않았지만, 자기 왕국의 백성들을 구하려면 그 방법밖에 없었으니까요.

아름다운 공주를 본 고래 케투스는 슬금슬금 바위로 다가오기 시작했어요. 바로 그때 제우스의 아들인 페르세우스가 날개 달린 신발을 신고(혹은 날개 달린 말 페가수스를 타고) 날아왔어요. 아리따운 안드로메다를 본 페르세우스는 한눈에 반해버렸답니다. 그래서 안드로메다와 결혼하게 해주면 고래를 없애주겠다고 왕에게 말했어요. 왕이 약속을 하자, 페르세우스는 단숨에 고래를 해치워 버렸지요(이 고래는 별이 되어 고래자리가 되었답니다). 안드로메다가 목숨을 건지게 된 것을 너무나 기뻐한 세페우스와 카시오페이아는 당장 결혼 잔치를 벌였어요. 그 후, 세페으스는 오래오래 살다가 죽어서 별자리가 되었지요.

## 세페우스자리 찾기

이 별자리는 그리 밝지 않지만, 생김새가 묘해서 쉽게 찾을 수 있어요. 이 별자리는 삼각형과 사각형을 집 모양으로 맞붙여 놓은 것처럼 보여요. 큰곰자리의 지극성에서 북극성을 지나 곧장 조금만 더 가면 이 별자리의 지붕 꼭대기가 나와요.

### 우주 이야기

★ 우주에는 약 천 억 개의 은하가 있는데, 은하는 모양에 따라 크게 네 가지로 나뉜다. 나선은하, 막대나선은하, 타원은하, 불규칙은하. 우리 은하는 나선은하이다.

★ 맨눈에 보이는 모든 별은 우리 은하에 속한 별이다. 우리 은하는 거대한 바람개비 모양의 여러 나선팔이 원반을 감싸고도는 것처럼 생겼다. 막대나선은하는 나선은하 중심이 막대처럼 길쭉하고, 막대 끝에서 나선팔이 뻗어 나온 은하이다. 타원은하는 나선팔이 없이 매끄러운 타원형 모양이다. 뚜렷한 모양을 갖지 않은 은하는 모두 불규칙 은하라고 부른다.

### 더 깊은 이야기

1951년에 미국 천문학자 윌리엄 모건은 세페우스, 카시오페이아, 페르세우스 별자리에 있는 별들의 밝기를 조사했다. 그래서 그 별들이 모두 지구에서 거의 같은 거리에 놓여 있다는 것을 알게 되었다. 그래서 그는 우리 은하의 가장 큰 나선팔—페르세우스 팔—을 발견하게 되었다. (우리 태양계가 있는 나선팔은 오리온 팔이라고 한다.)

고래자리의 별 미라는 변광성이다. 변광성(變光星)은 밝기가 변하는 별을 뜻한다. 미라Mira는 놀람 혹은 기적이라는 뜻인데, 항성의 밝기가 변한다는 게 너무나 놀라워서 그런 이름이 붙게 되었다.

# 카시오페이아자리
(주극성)

카시오페이아자리
감마별
세페우스자리

카시오페이아는 죽은 후 별자리가 되어, 남편 옆에 자리를 잡았답니다. 바다의 요정들은 카시오페이아가 별이 되면 안 된다고 생각했어요. 자기들보다 더 아름답다고 뽐낸 것을 아직도 용서할 수가 없었거든요.

그래서 요정들은 또 다시 포세이돈을 찾아가서 하소연했어요. 포세이돈은 카시오페이아가 앉아 있는 의자를 삐딱하게 기울여 놓았답니다. 그래서 밤중에 반은 카시오페이아가 똑바로 앉아 있지만, 나머지 반은 자리에서 거꾸러질 듯이 불안하게 앉아 있게 되었답니다. 그 모습이 꼴불견이라고 생각한 요정들은 흐뭇해했지요.

## 카시오페이아자리 찾기

카시오페이아는 영어 알파벳 W자처럼 보여요. 그래서 아주 찾기 쉬운 별자리 가운데 하나랍니다. 세페우스자리의 삼각형 밑변을 연장해서 그린 화살표를 따라가도 쉽게 찾을 수 있어요. 북극성 양쪽에 북두칠성과 카시오페이아가 있다는 걸 기억해두면 더욱 찾기 쉽지요.

카시오페이아 별자리 그림을 보세요. 그리고 아래쪽 별 세 개가 화살촉이라고 상상해보세요. 이 화살촉은 안드로메다 은하를 가리키고 있답니다. 안드로메다 은하는 우리가 맨눈으로 볼 수 있는 몇 안 되는 은하 가운데 하나랍니다.

## 우주 이야기

☆ 우리 은하에는 약 2천 억 개의 별이 있다. 별들은 서로 가까이 있어 보이더라도 사실은 아주 멀리 떨어져 있다. 우리 은하의 중심은 궁수자리 쪽에 있는데, 우리 태양에서 3만 광년 떨어져 있다. 우리 은하의 중심은 우주먼지 때문에 눈에 보이지 않는다.

☆ 우리 은하를 영어로는 은하수 은하(Milky Way Galaxy)라고 한다. 은하수는 우리 은하 적도에 밀집되어 있는 흐린 별들이다. 맨눈으로는 은하수의 별들을 하나하나 구별할 수 없기 때문에 반짝이는 흰 구름 띠처럼 보인다. 우리 은하의 지름은 약 10만 광년!

☆ 카시오페이아자리과 백조자리에 걸쳐진 은하수를 찾아보자.

☆ 은하수에 있는 별들은 은하 중심을 맴도는데, 이 중심을 포함한 우리 은하 전체가 맴을 돈다.

☆ 밤하늘에서 별이 없는 부분은 우리 은하의 나선팔과 원반에서 멀리 떨어진 곳이다.

☆ 안드로메다 은하는 우윳빛 얼룩처럼 보이는데, 그 빛이 지구까지 오는 데에는 2백만 년 이상이 걸린다.

## 더 깊은 이야기

• 아랍 사람들은 카시오페이아를 낙타라고 생각했다.

• 중간에 있는 감마별은 변광성인데, 밝기의 변화 주기가 불규칙하다. 이런 변광성을 계속 관찰하면 희미한 별을 더 잘 찾을 수 있다. 몇 주 동안 변광성을 관찰하면서, 근처의 별들에 비해 밝기가 어떻게 변하는지 비교해 보자.

# 페르세우스자리
(주극성)

페르세우스자리  카시오페이아자리  알골

페르세우스가 처음 안드로메다를 보았을 때, 그는 메두사를 처치하고 집에 돌아가는 중이었어요. 메두사는 원래 아리따운 소녀였는데, 아테나 여신의 노여움을 사서 무서운 괴물로 변한 거랍니다. 메두사의 머리에서는 머리카락 대신 뱀이 자랐지요. 그리고 메두사를 본 사람은 즉시 돌이 되어 버렸답니다.

페르세우스는 빛나는 방패, 날개 달린 신발, 몸을 안 보이게 하는 투구를 가지고 메두사를 찾아갔어요. 메두사를 바라보면 안 되기 때문에, 빛나는 방패를 거울처럼 사용해서 메두사를 지켜보았지요. 메두사가 잠들자, 살그머니 뒷걸음으로 다가가서 메두사의 목을 단칼에 베어 버렸어요. 그리고 잘린 머리를 얼른 자루에 담았어요.

페르세우스는 바로 이 메두사의 머리로 사나운 고래 케투스를 돌로 만들어 버린 거랍니다. 성대한 결혼식을 치른 페르세우스는 안드로메다와 함께 집(세리포스 섬)에 돌아갔어요.

페르세우스의 어머니 다나에는 폴리

덱테스에게 시달림을 당하고 있었어요. 세리포스 섬의 왕인 폴리덱테스는 다나에와 결혼하고 싶어했답니다. 그런데 페르세우스가 무서워서 제 맘대로 다나에를 차지할 수가 없었어요. 그래서 페르세우스에게 메두사의 머리를 가져 오게 한 거랍니다. 메두사와 싸우다가 돌이 되어 버리길 바란 거예요. 하지만 페르세우스가 메두사의 머리를 가져오자, 오히려 폴리덱테스가 돌이 되고 말았지요. 어머니를 구한 페르세우스는 안드로메다와 함께 오랫동안 행복하게 살았답니다. 페르세우스는 메두사의 머리를 아테나 여신에게 바쳤어요. 아테나는 자기 방패에 메두사의 머리를 달고 다녔지요. 페르세우스와 안드로메다가 죽자, 아테나는 그들을 별자리로 만들어 주었어요. 케투스 고래는 지금도 하늘에서 안드로메다를 잡아먹으려고 하고 있지만, 페르세우스가 잘 지켜주고 있답니다.

## 페르세우스자리 찾기

하늘에서 은하수를 찾아보세요. 카시오페이아 바로 옆에 페르세우스자리가 있는데, 은하수가 이 별자리들을 가로질러 지나가고 있지요. 혹시 주위가 어둡지 않아서 은하수가 보이지 않는다면, 카시오페이아의 감마별에서 그은 화살표를 따라가면 쉽게 찾을 수 있을 거예요.

### 우주 이야기

☆ 별똥별이라고도 하는 유성은 아주 작다. 보통 모래 한 알 크기밖에 안 된다! 유성은 지구 대기권으로 들어와서, 대부분 불타서 사라져 버린다.

☆ 유성의 속도는 시속 10만 킬로미터보다 빠를 때도 있다.

☆ 유성이 가장 잘 보이는 시간은 한밤중부터 동트기 전까지이다. 공해가 없는 곳에서는 한 시간에 서너 개 정도의 유성을 볼 수 있는데, 유성 소나기가 쏟아질 때에는 한 시간에 수백 개 이상도 볼 수 있다!

### 더 깊은 이야기

▶ 알골별은 윙크를 하는 별이다. 2일 20시간 48분에 한 번씩 밝기가 줄어드는데, 그 상태가 약 10시간 동안 계속된다.
매년 거의 같은 날, 같은 장소에 유성 소나기가 온다. 그때 지구가 우주먼지나 돌멩이가 많은 지역을 통과하기 때문이다. 그런 먼지나 돌멩이는 대개 혜성이 남겨놓은 것이다.

▶ 유성 소나기는 한자말로 유성우(流星雨)라고 한다. 매년 8월 11일과 12일 무렵에 페르세우스자리에서 멋진 유성우를 볼 수 있다. 이 유성우는 페르세우스자리 유성우라고 하는데, 잊지 말고 꼭 기억해 두었다가 이 날을 전후로 이 별자리 근처를 관찰해 보기 바란다.

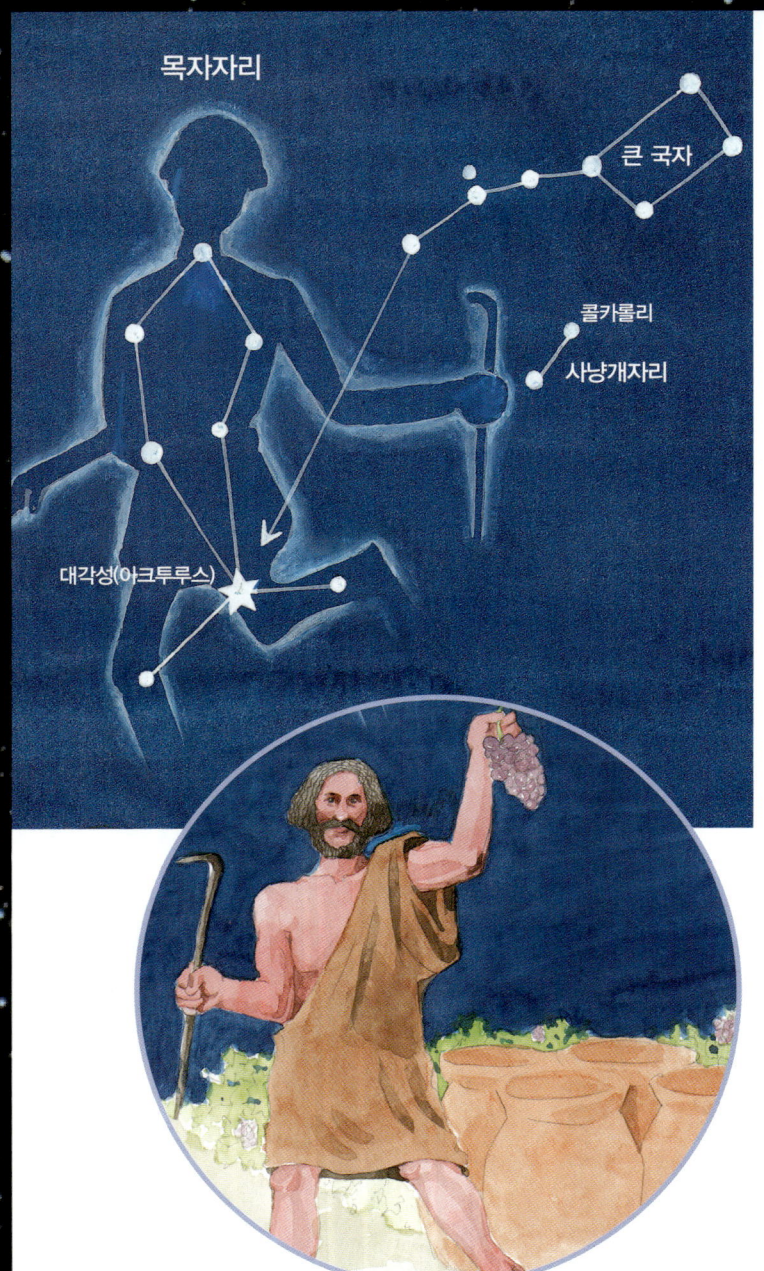

## 목자자리
(봄의 별자리)

그리스 신화의 술의 신 디오니소스는 이카리오스를 찾아갔어요. 이카리오스가 워낙 친절하게 대해주자, 디오니소스는 보답으로 포도나무를 기르는 법과 포도주 담그는 법을 가르쳐주었답니다.

이카리오스는 포도나무 기르는 법을 널리 퍼뜨리고 싶었어요. 그래서 사람들에게 맛보여 줄 포도주를 가지고 여행을 떠났지요. 양치기들을 만난 이카리오스는 포도주를 나눠주고, 포도나무 기르는 법도 가르쳐주었어요. 그리고 포도주는 반드시 물을 타서 마시라고 다짐을 받았어요. 하지만 양치기들은 이카리오스의 말을 귓등으로 흘려 듣고, 물을 타지 않은 포도주를 들이켰어요.

잔뜩 취했다가 이튿날 아침에 깨어난 양치기들은 여간 속이 쓰리지 않았어요. 그래서 이카리오스가 독약을 주었다고 생각했지요. 양치기들은 이카리오스를 뒤쫓아가서 죽이고 말았어요. 이 사실을 알게 된 디오니소스는 불같이 화가 나서, 양치기들을 벌주기 위해 그 나라에 전염병을 퍼뜨렸어요. 이카리오스는 하늘로 올라가서 목자자리가 되었지요. 목자(牧者)는 원래 동물을 풀어놓고 기르는 사람을 뜻하는데, 서양에서는 특히 양치기를 뜻해요. 디오니소스나 이카리오스도 목자였답니다.

## 목자자리 찾기

이 별자리는 큰 국자의 손잡이를 길게 연장한 곳에 있어요. 손잡이를 활처럼 휘어지게 연장한 곳에 있는 별이 바로 대각성(大角星)이랍니다. 대각이란 큰 뿔이라는 뜻인데, 사실 큰 뿔처럼 생겼잖아요?

그런데 요즘에는 대각성을 외래어로 아크투루스라고 해요. 이 별은 목자자리에서 가장 밝은 별이랍니다. 아크투루스에서 국자 손잡이를 좀더 연장시키면 처녀자리(봄의 별자리)가 나와요.

### 우주 이야기

☆ 처녀자리에서 가장 밝은 별인 스피카는 아크투루스보다 5배 더 뜨겁고, 우리 태양보다 2,000배 더 밝다. 그 별빛이 지구까지 오는 데에는 약 220년이 걸린다.

☆ 천문학자들은 별빛을 보고서 그 별이 얼마나 뜨거운지를 알아낸다. 청색별이 가장 뜨겁다. 다음은 흰색, 다음은 노란색, 그 다음은 오렌지색별이 뜨겁다. 별 가운데 가장 덜 뜨거운 것은 빨간색 별이다.

☆ 기원전 150년경에, 고대 그리스 천둔학자 히파르코스는 별들의 밝기를 구분했다. 그래서 가장 밝은 별은 1등성, 가장 희미한 별은 6등성이라고 불렀다. 오늘날에도 그의 방법대로 별들의 밝기를 정한다. 스피카는 하늘에서 가장 밝은 15가의 별 가운데 하나인데, 밝기 등급은 0.96이고 청색별이다.

### 더 깊은 이야기

- 고대 그리스 사람들은 곰 두 마리가 북극 주위를 돌게 하는 것이 목자자리의 임무라고 생각했다. 곰이 흩어져서 사람들이 방향을 헷갈리면 큰일이니까.
- 아크투루스는 하늘에서 가장 밝은 별 가운데 하나이고, 가장 가까이 있는 별 가운데 하나이기도 하다.
- 목자의 사냥개 두 마리—콜카롤리와 아스테리온—는 따로 사냥개자리를 차지하고 있다. 목자는 이 사냥개를 데리고 큰곰과 작은곰을 몬다.
- 고대 이집트 사람들은 북극 주위를 도는 별들이 흉악하며, 그 중에서도 큰곰이 가장 위험하다고 생각했다. 그들은 큰곰이 못된 짓을 하지 못하도록 하늘에 목자가 있는 거라고 믿었다.
- 아크투루스는 그리스어로 '곰을 지키는 자'라는 뜻이다.

# 북쪽왕관자리
(여름 별자리)

북쪽왕관자리 이야기도 디오니소스와 관계가 있어요. 디오니소스는 아리아드네 공주와 결혼하고 싶어했답니다. 아리아드네는 크레타 섬을 다스리는 미노스 왕의 딸이었어요.

그런데 디오니소스의 청혼을 받아들이지 않았어요. 신과 결혼하고 싶었는데, 디오니소스가 인간인 줄 알았거든요.

디오니소스는 자기가 신이라는 것을 증명하기 위해, 자신의 왕관을 벗어서 하늘로 던졌어요. 이 왕관이 별이 된 것을 본 아리아드네는 그가 신이라는 것을 알게 되었지요. 아리아드네는 디오니소스와 결혼해서 죽지 않는 존재가 되었답니다.

또 다른 이야기도 있어요. 미노스 왕은 머리가 황소이고 나머지 몸뚱이는 사람인 미노타우로스를 기르고 있었어요. 미노타우로스는 미궁에 살았는데, 이 미궁은 한번 들어가면 아무도 벗어날 수 없는 미로로 이뤄져 있었어요. 미궁에 들어간 사람은 미노타우로스의 밥이 되었지요.

미노스 왕은 아테네의 왕에게 으름장을 놓아서, 해마다 가장 잘생긴 총각과 가장 예쁜 처녀를 일곱 명씩 바치게 했어요. 해마다 14명의 젊은이가 미노타우로스의 밥이 되었지요. 아테네 왕의 아들인 테세우스는 이 괴물을 없애기로 결심했어요. 그래서 세 번째 제물을 바칠 때, 14명 가운데 한 명이 되어 크레타로 갔지요.

아리아드네 공주는 테세우스를 보고 한눈에 반해버렸어요. 공주는 남몰래 테세우스를 만나서, 자기를 아내로 받아준다면 미궁에서 살아나올 수 있도록 도와주겠다고 말했어요. 테세우스가 약속을 하자, 공주는 작은 칼 하나와 실뭉치를 주었답니다.

---

### 더 깊은 이야기

북쪽왕관자리는 깨진 접시라고 부르기도 한다. 완전히 둥글지 않아서 한 부분이 떨어져 나간 접시처럼 보이기 때문이다. 오스트레일리아에서는 이 별자리를 부메랑이라고 생각한다.

한 별자리에서 가장 밝게 보이는 별을 알파별이라고 한다(다음으로 밝게 보이는 별은 베타별). 목자자리의 알파별은 아크투루스, 북쪽왕관자리의 알파별을 서양에서는 젬마라고 부른다. 왕관에 박힌 보석이랄 수 있는 이 젬마gemma는 라틴어로 보석을 뜻한다.

### 우주 이야기

- 성간(星間)이란 '별들 사이'라는 뜻인데, 우리 태양계 바깥 우주의 어둡고 차가운 부분을 성간공간이라고 한다.
- 우리 은하의 성간공간에는 우리 태양과 같은 별을 200억 개나 만들 수 있는 가스가 담겨 있다.
- 늙어서 부풀어 오른 붉은 별들은 우주먼지를 뱉어낸다. 우주먼지의 상당 부분은 연필을 만드는 것과 똑같은 흑연으로 이루어졌다.

테세우스는 실뭉치의 실을 풀면서 미궁으로 들어갔어요. 공주가 준 칼로 미노타우로스를 해치운 테세우스는, 풀어놓은 실을 붙잡고 무사히 미궁에서 빠져 나올 수 있었어요. 같이 갔던 젊은이들과 아리아드네를 데리고 아테네로 돌아가던 테세우스는 잠시 낙소스라는 섬에 들렀어요. 여기서 테세우스는 잠든 아리아드네를 섬에 남겨 둔 채 몰래 배를 타고 혼자 떠나버렸어요. 은혜를 저버린 거예요. 미네르바 여신이 꿈에 자기를 찾아와서, 그렇게 떠나라고 명령했다면서 말예요. 잠에서 깨어난 아리아드네는 테세우스가 떠나버린 것을 알고 슬피 울기 시작했어요.

사랑의 여신 아프로디테가 그걸 보고 아리아드네를 불쌍히 여겼어요. 그래서 공주에게, 언젠가는 죽게 될 그 몹쓸 인간 대신, 죽지 않는 신과 결혼하게 해주겠다고 달랬지요.

그때 마침 디오니소스 신이 아리아드네를 발견했어요. 공주의 아름다움에 반한 디오니소스는 곧바로 청혼을 했어요. 그리고 공주에게 보석이 박힌 멋진 황금왕관을 선물로 주었답니다. 아리아드네는 디오니소스와 오래오래 행복하게 살았어요. 그녀가 죽자 디오니소스는 아내를 기리기 위해 왕관을 하늘의 별자리로 만들었답니다.

### 북쪽왕관자리 찾기

이 별자리는 자그마하지만 빛나는 별이 많아요. 어떻게 보면 함박웃음을 짓고 있는 모습 같기도 해요. 목자자리 꼭대기의 삼각형 밑변을 연장하면, 이 별들을 쉽게 찾을 수 있을 거예요.

## 백조자리
(여름 별자리)

백조자리는 은하수 한가운데 있는 밝고 아름다운 별자리랍니다. 백조가 어떻게 하늘의 별이 되었는지에 대한 이야기는 여러 가지가 있어요.

그리스 신화 속의 인물 가운데 최고의 시인이자 최고의 음악가는 바로 오르페우스. 오르페우스가 리라를 연주하면 야생동물들까지 몰려와서 귀를 기울였답니다. 죽은 후 그는 리라와 함께 별자리가 되었어요. (리라 별자리를 우리말로는 거문고자리라고 한답니다.)

또 다른 이야기를 살펴볼까요? 파에톤은 자기 아버지가 초기 그리스의 '태양신 힐리오스'라고 친구들에게 자랑을 했어요. 친구들은 믿으려고 하지 않았지요. 그래서 파에톤은 그걸 증명하기 위해, 헬리오스에게 하루만 태양 전차를 몰게 해달라고 부탁했어요. 헬리오스는 아들에게 어떤 소원이든 들어주겠다고 약속을 한 적이 있었어요. 그래서 승낙하지 않을 수가 없었지요. 헬리오스는 하늘과 땅의 중간에 있는 길로만 전차를 몰아야 한다고 신신당부를 했어요. 하지만 파에톤은 귀담아 듣지 않았어요. 처음에는 너무 높이 달리는 바람에 하늘을 태워버렸지요.

## 우주 이야기

⭐ 우리 은하 전체는 은하중심 둘레를 돈다. 그런데 중심에서 멀리 있는 별들이 가까이 있는 별들보다 더 느린 속도로 회전한다. 우리 태양계가 은하중심을 한 바퀴 도는 데 걸리는 시간은? 약 2억 4,000만 년. 이렇게 한 바퀴 도는 데 걸리는 시간을 1우주년이라고 한다.

⭐ 우리 태양의 나이는 약 50억 살이다. 지금부터 50억 년 정도 후에 우리 태양은 적색거성이 되어 점점 더 커질 것이다. 그리고 더 후에 태양이 자기 에너지원을 다 써버리면, 움츠러들어서 백색왜성이 되어, 지구만큼 작아질 것이다

그래서 은하수가 생겨났답니다. 다음에는 너무 낮게 날아서 땅이 시커멓게 그을고, 강과 호수의 물이 바짝 말라버렸어요. 이때 아프리카에 사막이 생겼고, 아프리카 사람들은 몸이 시커멓게 타버렸다고 해요.

신들의 왕 제우스는 파에톤이 땅을 엉망으로 만드는 걸 보고, 그걸 막기 위해 번개를 내리쳤답니다. 파에톤은 하늘에서 추락해서 강에 빠졌지요. 파에톤의 친구 가운데 한 명인 시그누스(그리스어로는 키크누스)가 강으로 달려가서 파에톤을 찾았어요. 그는 물 속으로 다이빙을 해서 미친 듯이 파에톤을 찾았지요. 그런 그의 모습이 꼭 백조처럼 보였답니다. 하지만 이미 때가 늦어서 파에톤을 구할 수 없었어요. 시그누스는 친구를 구하지 못한 것이 너무나 슬픈 나머지 죽고 말았답니다. 헬리오스는 시그누스를 갸륵하게 여겨서 하늘의 백조로 만들어 주었답니다.

### 백조자리 찾기

은하수를 둘로 나누는 백조자리는 북십자성이라고 부르기도 해요. 페르세우스자리에서 은하수를 따라 카시오페이아자리를 지나면 백조자리가 나와요. 백조자리를 찾는 다른 방법은 세페우스자리의 사각형에 대각선을 길게 그어 보는 거예요. 그러면 백조의 날개를 이루고 있는 별을 쉽게 찾을 수 있어요.

### 더 깊은 이야기

- 서양 이외의 나라에서는 이 별자리를 백조로 보지는 않았지만, 그래도 새 모양이라고 생각한 건 마찬가지이다.
- 데네브 별은 백조자리 꼬리에 있는 흰색 별이다. 우리 태양보다 6만 3,000배나 밝은 1.3 등급의 별이다. 데네브는 '새의 꼬리'라는 뜻인데, 이 별빛이 지구까지 오는 데에는 약 1,500년이 걸린다.

## 거문고자리
### (여름 별자리)

거문고자리를 영어식으로는 리라자리라고 해요. 리라는 하프의 일종인데, 하프를 한자말로는 수금(竪琴)이라고 한답니다. 수금이란 '세워놓은 거문고'라는 뜻이에요. 그래서 리라자리를 우리말로 거문고자리라고 한답니다.

그리스 신화의 태양신 아폴론은 음악의 신이기도 해요. 그는 자기 아들 오르페우스에게 리라를 선물해 주었어요. 오르페우스가 리라 연주를 할 때면, 신들은 물론이고, 동물, 나무, 심지어 산까지도 다소곳이 귀를 기울였답니다.

오르페우스는 나무의 요정 에우리디케를 무척이나 사랑했어요. 둘이 부부가 되어 행복하게 살던 어느 날, 에우리디케가 그만 독사에 물려 죽고 말았어요. 그녀는 죽어서 지하세계인 하데스로 갔지요. 하데스는 우리말로 저승을 뜻해요. 이 저승의 왕 이름도 하데스이지요.

## 우주 이야기

★ 지구와 마찬가지로, 우주의 모든 물체는 중력(끌어당기는 힘)을 지니고 있다. 행성과 별이 크면 클수록 그만큼 중력도 크다. 그러나 너무 멀리 떨어져 있어서, 다른 행성과 별의 중력이 지구까지 영향을 주지 않는다.

★ 오늘날에는 지구 둘레를 돌고 있는 인공위성이 아주 많다. 인공위성을 찾으려면 날이 어두워질 때 하늘을 살펴보는 게 좋다. 그때 지구 위로 지나가는 인공위성이 태양빛을 반사하기 때문이다.

---

가슴이 미어질 듯이 슬픈 오르페우스는 저승에 가서 에우리디케를 구해내려고 했어요. 그가 저승에 가서 리라를 연주하자, 가슴이 뭉클해진 하데스가 에우리디케를 데려가도 좋다고 허락했어요. 그런데 조건이 있었답니다. 저승을 벗어날 때 절대 뒤를 돌아보면 안 된다는 것이었어요. 그런데 안타깝게도 오르페우스는 뒤를 돌아보고 말았어요. 아내가 잘 따라오는지 보고 싶어서 견딜 수가 없었거든요. 아내는 다시 저승으로 붙잡혀 가버렸지요. 이제 영원히 에우리디케를 잃어버린 오르페우스는 또다시 가슴이 미어졌어요.

오르페우스는 리라를 연주하며 홀로 세상을 떠돌았답니다. 그 연주는 여전히 너무나 아름다워서, 처녀들이 줄줄이 따라다니며 청혼을 했어요. 하지만 결코 에우리디케를 잊을 수 없었지요. 오르페우스가 죽자 제우스는 그의 리라 소리가 영원히 하늘에 울려 퍼지도록 리라를 하늘에 올려놓았답니다.

### 거문고자리 찾기

백조자리의 데네브 별에서 시작하는 화살표를 상상하면 이 별자리를 쉽게 찾을 수 있을 거예요. 이 화살표가 가리키는 직녀성이 이 별자리의 알파별이랍니다.

---

**더 깊은 이야기**

▶ 모두 여름 별자리인 백조자리, 거문고자리, 독수리자리는 서로 가까이 있다. 각 별자리의 알파별인 데네브, 직녀성, 견우성은 커다란 삼각형을 이룬다. 이것을 여름철 대삼각형이라고 한다.

▶ 삼각형을 이루는 세 별 가운데 가장 밝은 직녀성은 청백색의 1등성이다(0.04등급). 이 직녀성은 약 1만 2,000년 후에는 북극성이 되는데, 지금의 북극성보다 6배 더 밝다.

▶ 견우와 직녀 이야기를 알고 있나요? 거문고자리의 직녀와 독수리자리의 견우는 너무나 사랑하는 사이인데, 평소에는 은하수 강이 가로막고 있어서 만날 수가 없어요. 칠석날(음력 7월 7일)이면 까마귀와 까치가 몸을 잇대어 이 은하수에 다리를 놓아주는데, 이 오작교를 건너 일년에 한 번만 만날 수 있답니다.

## 독수리자리
(여름 별자리)

그리스의 신들은 넥타라는 과일을 먹고 살았답니다. 그래서 신들은 신선한 넥타를 갖다줄 심부름꾼이 필요했어요. 그 심부름은 아주 명예로운 일이어서, 평범한 인간에게는 그런 일을 시킬 수가 없었지요. 신들의 왕 제우스는 독수리 아퀼라를 지상세계에 보내서, 가장 아름다운 젊은이를 올림포스 신전으로 데려오라고 했어요. 아퀼라는 곧바로 긴 날개를 펼치고 날아갔지요. 독수리는 날카로운 눈길로 산과 계곡과 숲과 들판을 샅샅이 살펴보았어요. 조금도 쉬지 않고 날이면 날마다 세상을 뒤졌지만, 넥타를 나를 만한 사람을 찾을 수가 없었어요. 그러다 마침내 어떤 산맥 위를 날아갈 때, 가니메데스라는 양치기를 발견했지요. 가니메데스는 아퀼라가 본 사람 가운데 가장 아름다웠어요.

아퀼라는 날개를 접고 양치기를 향해 급강하 해서 발가락으로 덥석 양치기를 낚아챘지요. 아퀼라는 버둥거리는 가니메데스를 매단 채, 곧바로 하늘로 올라가서 구름을 뚫고 올림포스 산의 신전으로 갔어요.

제우스는 이 멋진 젊은이가 마음에 쏙 들었답니다. 그래서 훗날 아퀼라가 죽자, 보답으로 하늘의 별자리가 되게 해주었지요.

그리스 신화에는 독수리에 얽힌 또 다른 이야기가 여럿 있어요. 신들의 사자(전령 신) 헤르메스는 사랑의 여신 아프로디테를 짝사랑했답니다. 그런데 아무리 애걸을 해도 아프로디테는 그를 만나주려고 하지 않았어요. 상사병에 걸린 헤르메스는 제우스에게 도움을 청했답니다. 아름다운 아프로디테가 자기를 도무지 만나주지도 않아서, 인간처럼 죽을 것만 같다고 하소연했지요.

제우스가 한 마디 했지요. "사랑은 흘러가는 거야." 시간이 지나면 사랑도 식기 마련이라는 뜻인데, 헤르메스의 사랑은 시간이 지날수록

### 더 깊은 이야기

- 견우성은 하늘에서 가장 밝은 별 가운데 하나이다. 여섯 시간에 한 바퀴 자전을 하는데, 회전속도가 워낙 빨라서 모양이 좀 납작해졌다. 우리 태양은 약 25일에 한바퀴씩 자전(항성주기)을 한다.
- 독수리자리는 지금부터 적어도 3,200년 전부터 별자리로 알려져 있었다(그때 이 별자리 이름을 새겨놓은 돌이 발견되었다).
- 천문학에서 견우성을 일컫는 말인 알타이르는 아랍어로 독수리를 뜻한다.
- 아랍에서도 이 별자리를 날아가는 독수리로 보았는데, 가끔 까마귀로 보기도 했다.
- 페르시아에서는 이 별자리를 '날아가는 대머리독수리', 혹은 '별을 공격하는 새매'로 보았다. 터키에서는 이 별자리를 '사냥하는 독수리'로 보았다.

더 뜨거워지기만 했어요. 안절부절 못한 헤르메스는 다시 제우스를 찾아갔어요. 이번에는 지난번보다 더 애타게 하소연했지요.

제우스는 상사병에 걸린 헤르메스가 딱해 보였어요. 그래서 도움이 될 만한 아이디어를 떠올렸지요. 제우스는 헤르메스에게 독수리로 변해서, 아프로디테가 목욕을 하고 있는 강으로 날아가라고 했어요. 거기 가서 아프로디테가 벗어놓은 요술 슬리퍼 한 짝을 훔쳐오라그 했죠.

독수리로 변한 헤르메스가 곧장 강가로 날아가 보니, 과연 아프로디테가 목욕을 하고 있었어요. 그는 강가 모래톱에 놓인 요술 슬리퍼를 날름 잡아챘지요. 그걸 제우스에게 가져가자, 제우스는 그걸 돌려준다는 핑계로 아프로디테를 만나라고 했어요. 아프로디테는 헤르메스의 정성에 감동하지 않을 수 없었어요. 두 신은 아들 하나를 낳았는데, 서로의 이름을 따서 아들을 헤르마프로디투스라고 불렀답니다.

**독수리자리 찾기**

백조자리의 데네브와 거문고자리의 직녀성을 연결한 후, 삼각형이 될 만한 밝은 별을 찾으세요. 그 별이 바로 독수리자리의 견우성이에요. 이 세 별을 여름 삼각형이라고 부르지요. 직녀와 견우가 은하수를 사이에 두고 있다는 것을 알면 더 찾기 쉬울 거예요. 견우성은 독수리 머리 부분에 있는 별이랍니다. 천문학 이름으로 견우성은 '알타이르', 직녀성은 '베가'라고 한답니다.

### 우주 이야기

★ 은하는 별과 먼지와 가스로 이루어져 있는데, 중력 때문에 서로를 끌어당긴다.

★ 우주에는 천 억 개 이상의 은하가 있는 것으로 알려져 있다.

★ 별(항성)은 스스로 빛을 내지만, 행성은 스스로 빛을 내지 않고 태양 빛을 반사하기만 한다.

★ 금성도 행성인데, 태양과 달 다음으로 밝다. 금성에 있는 흰 구름이 태양 빛의 70퍼센트 정도를 그대로 반사하기 때문에 그렇게 밝다. 새벽에 빛날 때에는 새벽의 별이라는 뜻에서 샛별 혹은 계명성이라고 불리고, 저녁에 빛나면 개밥바라기 혹은 태백성이라고 불린다.

## 돌고래자리
(여름 별자리)

바다의 신 포세이돈은 암피트리테에게 청혼을 했어요. 하지만 다른 바다 신의 딸인 암피트리테는 수줍어서 자꾸 숨기만 했지요. 이때 그녀를 발견한 돌고래가 숨지 말고 결혼을 하는 게 좋겠다고 설득을 했어요. 그녀는 돌고래의 설득에 넘어가서 포세이돈과 결혼을 했답니다. 포세이돈은 너무나 행복한 나머지 돌고래를 하늘의 별자리로 만들어주었지요.

돌고래자리에 관한 다른 그리스 신화

도 있어요. 아리온이라는 인기 가수가 바다 여행을 하고 있었어요. 그는 노래 재주가 뛰어나서 상도 많이 받았고, 돈도 많이 벌었지요. 뱃사람들은 그의 돈을 훔치려고 했어요. 그래서 아리온을 바다에 내던져서 익사시키려고 틈을 노렸어요.

어느 날, 아리온은 그 음모를 알려주는 꿈을 꾼 후 어떻게 하면 목숨을 구할 수 있을까 궁리를 했지요. 마침내 뱃사람들이 아리온을 붙잡아서 바다에 빠뜨리려고 하자, 마지막으로 노래를 한 곡만 부르게 해달라고 부탁했어요. 뱃사람들이 허락하자, 아리온은 뱃머리에 서서 노래를 부르기 시작했어요. 그의 노래는 너무나 아름다워서 온갖 바다 동물들이 노래를 들으려고 몰려들었답니다. 아리온은 노래가 끝나기 직전에 바다로 뛰어들었어요. 그러자 돌고래가 그를 등에 태우고 안전하게 바닷가에 데려다 주었답니다.

태양과 음악의 신 아폴론은 돌고래가 아리온을 구해준 것이 갸륵해서 그 상으로 돌고래를 하늘에 올려놓았다는 거예요.

## 돌고래자리 찾기

여름 별자리를 찾을 때 가장 도움이 되는 것이 바로 여름 삼각형이랍니다. 돌고래자리는 바로 이 삼각형 옆에 있지요. 독수리자리의 견우성 동쪽에 다섯 개의 별이 모여 있는 걸 찾으면 돼요.

### 우주 이야기

⭐ 별은 주로 두 가지 가스로 이루어져 있다. 수소와 헬륨으로.

⭐ 가장 큰 별을 초거성(超巨星)이라고 부르는데, 우리 태양보다 10만 배나 더 크다. 가장 작은 별은 지구보다도 작다.

⭐ 어떤 별들은 엄청난 폭발을 일으키며 사라진다. 이렇게 폭발하는 별을 초신성(超新星)이라고 한다. 폭발을 하고 남은 핵은 블랙홀이 될 수도 있다. 블랙홀은 중력이 너무나 커서, 주위에 있는 것을 모조리 삼켜버린다. 블랙홀이 검게 보이는 것은 빛조차 삼켜 버리기 때문이다.

### 더 깊은 이야기

- 돌고래자리를 아랍에서는 (사람이) 타고 다니는 낙타라고 불렀고, 초기 그리스도교인들은 예수의 십자가라고 불렀다.
- 돌고래자리의 알파별은 수알로킨Sualocin이라고 한다. 그건 Nicloaus(니콜라우스)를 거꾸로 쓴 것이다. 두 번째로 밝은 별(베타별)은 로타네브(Rotanev)라고 부른다. 그건 Venator(베나토르)를 거꾸로 쓴 것이다. 니콜라우스 베나토르는 한 천문학자의 라틴어 이름이다.

## 페가수스자리
(가을 별자리)

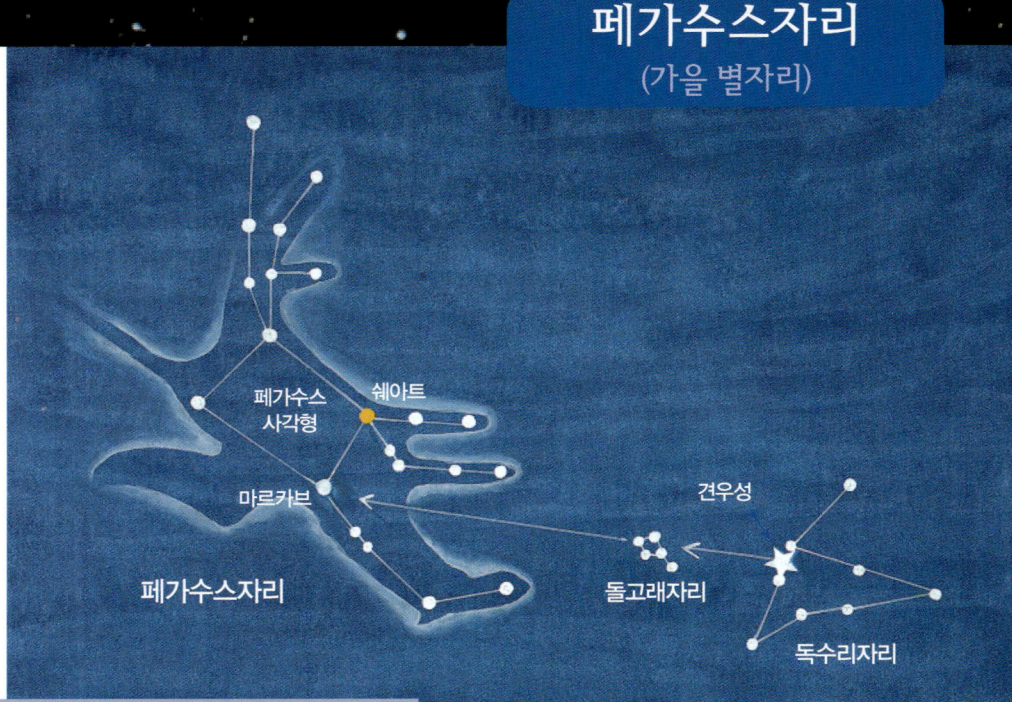

그리스 신화에 나오는 날개 달린 천마를 라틴어(로마인의 언어)로 페가수스, 그리스어로 페가소스라고 해요. 페가수스자리를 한자말로는 천마자리라고 하지요.

페르세우스가 메두사의 목을 베어 가지고 바다 위를 날아갈 때, 메두사의 피가 바다에 뚝뚝 떨어졌어요. 메두사는 아리따운 여자였을 때, 아테나 신전에서 포세이돈과 사랑을 나눈 적이 있었답니다. 이때 신전을 모독한 벌로 아테나 여신이 그녀를 괴물로 만들어버린 거예요.

메두사를 사랑했던 포세이돈은 바다에 떨어진 메두사의 피에 파도의 거품과 흰모래를 섞어서 날개 달린 말 페가수스를 만들었답니다. 페가수스는 메두사와 포세이돈의 사랑의 결실이라고 하기도 해요.

또 다른 그리스 신화를 보면, 코린토스의 왕자 벨레로폰은 말을 잘 길들였다고 합니다. 말이라면 역시 페가수스가 최고니까, 페가수스를 타고 싶어 안달을 했지요. 하지만 여간 사납지가 않아서 가까이 다가갈 수도 없었어요. 어느 날 밤, 아테나 신전에서 잠든 벨레로폰은, 페가수스를 길들일 수 있는 마법의 황금고삐를 아테나 여신에게 선물 받는 꿈을 꾸었어요. 이튿날 아침에 눈을 떠보니, 자기 손에 진짜로 황금고삐가 쥐어져 있는 거예요.

멋진 페가수스를 탈 수 있게 되어서 신이 난 벨레로폰은 당장 페가수스에게 달려갔지요. 샘물을 마시고 있는 페가수스에게 살금살금, 살금살금 다가간 벨레로폰은 말머리에 와락 고삐를 채웠어요. 그러자 페가수스는 즉시 고분고분해졌답니다. 벨레로폰이 등에 올라타도 얌전히 서 있기만 했어요. 벨레로폰은 천마의 옆구리를 박차고 쏜살같이 하늘 높이 올라갔지요.

하늘을 가로지르며 여행을 하게 된 벨레로폰은 신이 나서 리키아까지 단숨에 날아갔답니다. 리키아에는 키마이라(영어식으로는 키메라)가 날뛰고 있었어요.

### 더 깊은 이야기

- 페가수스 사각형은 별자리의 일부이다.
- 날개 달린 말은 기원전 4세기의 동전에도 새겨져 있다.
- 페가수스자리의 알파별은 마르카브라고 부르는 흰색별이다. 두 번째로 밝은 별(베타별)은 노란별인 쉐아트이다.

### 우주 이야기

★ 밝기가 워낙 강해서 멀리 있어도 밝은 별이 있지만, 밝기가 그리 강하지 않아도 가까이 있어서 밝은 별도 있다.

★ 서로 가까이 있는 별들이 모두 실제로도 가까이 있는 건 아니다. 우리 눈에만 그렇게 보일 뿐이다.

★ 우리 눈에 보이는 별들 가운데 적어도 반은 짝이 있다. 그렇게 짝이 있는 별을 쌍성이라고 한다. 쌍성은 서로 중력으로 끌어당기며 같은 궤도를 돈다. 하나의 별처럼 보이는 쌍성도 있다. 그러나 겉보기에 쌍성처럼 보이더라도, 사실은 멀리 떨어져 있는 별일 수 있다.

키마이라의 가죽은 워낙 딱딱해서 칼날이 들어가지 않았어요. 머리는 세 개인데, 하나는 으르렁거리는 사자, 중간에는 맴맴거리는 염소, 나머지 하나는 식식거리는 독사였어요. 머리 세 개에서 모두 이글거리는 불을 내뿜었지요.

벨레로폰은 페가수스가 불벼락을 맞지 않게 조심하면서, 키마이라를 향해 날아갔어요. 커다란 납으로 된 날이 달린 창을 사자의 입 속에 던져 넣자, 납이 불에 녹아서 괴물의 뱃속으로 흘러들었어요. 키마이라는 납중독으로 죽고 말았지요.

리키아의 왕은 너무 기쁜 나머지, 자기 딸과 벨레로폰을 결혼시키고 왕국도 물려주었어요. 벨레로폰은 왕이 되어 좋은 일을 많이 했답니다. 그는 신들에 견줄 만큼 훌륭한 일을 했다고 자부를 했어요.

벨레로폰은 페가수스를 타고 올림포스 신전에 들어가서 신이 되기로 마음먹었어요. 그가 신전을 향해 날아가자, 노여워한 제우스가 벼락을 내리쳤다고도 하고, 페가수스가 그를 떨어뜨려 버렸다고도 해요. 벨레로폰은 벼락 맞아 죽었다고도 하고, 낯선 땅에 떨어져 불구가 된 채, 거지처럼 살다가 죽었다고도 해요. 페가수스는 올림포스 신전의 마구간에 살면서, 제우스의 번개마차를 끌다가 죽은 후 별자리가 되었답니다.

### 페가수스자리 찾기

이 별자리는 네 개의 밝은 별이 사각형을 이루고 있는 아주 큰 별자리예요. 독수리자리의 견우성에서 돌고래자리를 지나 곧바로 나아가면 페가수스 사각형이라고 부르는 별들을 찾을 수 있을 거예요.

# 황소자리
(겨울 별자리)

페르세우스자리
플레이아데스 성단
알데바란
히아데스 성단
황소자리

황소자리 이야기는 그리스 신화 가운데 에우로페의 이야기와 관계가 있답니다. 에우로페는 페니키아 왕의 딸이었어요.
신들의 왕 제우스는 에우로페에게 반했는데, 다가갈 수가 없었어요. 에우로페가 늘 보디가드들에게 둘러싸여 있었거든요. 제우스는 황소로 둔갑해서 페니키아 왕궁 주위를 맴돌았어요. 풀을 뜯는 척하며 기회를 노린 거예요.

어느 날 에우로페가 해변으로 나가 주위를 둘러보았어요. 황금 뿔을 가진 황소가 눈에 띄었어요. 그녀는 기품이 있는 황소를 자세히 살펴보고 싶었어요. 그래서 풀을 한 줌 뜯어서 황소에게 내밀며 다가갔지요. 황소는 아주 온순해 보였어요. 에우로페는 소뿔을 쥐고 황소 등에 올라탔어요.

황소는 어슬렁어슬렁 물가로 다가갔답니다. 에우로페는 마음 턱 놓고 황소 타기를 즐겼지요. 물가에 이른 황소는 번개같이 물에 뛰어들더니, 크레타 섬을 향해 헤엄쳐가기 시작했어요. 에우로페는 차마 바다로 뛰어들 수가 없어서 어쩔 수 없이 섬까지 실려 갔어요. 크레타 섬에 도착한 황소는, 아니 제우스는 사람의 모습으로 변했어요. 그들은 세 아들을 낳았는데, 모두 왕이 되었답니다. 미노스는 크레타의 왕, 라다만투스는 키클라데스 제도의 왕, 사르페돈은 리키아의 왕이 되었지요. 그래서 제우스가 잠시 둔갑했던 황소를 기억하며 황소자리를 만들었다고 해요.

그리스 신화 가운데 플레이아데스 신화도 황소와 관계가 있어요. 두 어깨로 하늘을 떠받치고 있는 신 아틀라스와 플레이오네 사이에서 태어난 딸 일곱 명을 플레이아데스라고 해요. 밤하늘의 플레이아데스 성단은 황소자리의 어깨에 앉아 있답니다.

사냥꾼 오리온은 일곱 명의 자매를 모두 사랑했어요. 아틀라스는 화가 났지요. 혹시 아틀라스가 하늘을 내동댕이치면 큰일나니까, 제우스가 그들을 떼어놓았어요. 사냥꾼과 일곱 자매 사이에 황소를 떡 하니 끼워놓은 거예요. 결국 자매들은 막내만 빼고 모두 신과 결혼을 했답니다. 막내는 죽어야만 하는 인간과

### 더 깊은 이야기

- 유럽(Europe) 대륙의 이름은 그리스 신화의 에우로페(Europe)에서 유래한 것이다.
- 큰곰자리의 북두칠성 가운데 다섯 별이 하나의 성단이듯이, 플레이아데스와 히아데스도 각각 성단이다. 황소의 머리 모양을 이루고 있는 다섯 개의 별이 바로 히아데스 성단이다. 큰곰자리 성단 다음으로 지구에서 가장 가까이 있는 성단인 히아데스는 지구에서 150광년 떨어져 있다. (알데바란은 50광년 떨어져 있어서 실은 히아데스 성단이 아니다)
- 고대 중국인들은 히아데스 성단을 황금황소라고 불렀다.
- 빨간색의 밝은 별인 알데바란은 아랍어로 '수행원'을 뜻한다. 이 별은 밤내내 플레이아데스를 수행한다(뒤를 따른다).
- 황소자리는 황도 12궁을 이루는 별자리 가운데 하나이다. 황도란 하늘에 그린 상상의 원인데, 태양과 달과 행성들이 지나가는 자리에 있는 별자리 12개로 이루어져 있다. 황도 십이궁으로 불리는 열두 별자리는 기원전 450년경에 바빌로니아 사람들이 처음 생각해낸 것이다.
- 황도십이궁은 다음과 같다. 양자리(백양궁), 황소자리(금우궁), 쌍둥이자리(쌍자궁), 게자리(거해궁), 사자자리(사자궁), 처녀자리(쌍녀궁), 천칭자리(천칭궁), 전갈자리(천갈궁), 궁수자리(인마궁), 염소자리(마갈궁), 물병자리(보병궁), 물고기자리(쌍어궁).

결혼을 했어요. 그게 부끄러워서 막내별은 눈에 잘 띄지 않는답니다.

폴리네시아 신화에도 플레이아데스 이야기가 나와요. 플레이아데스는 처음에 너무나 휘황찬란한 하나의 별이었어요. 이 별은 자기가 온 하늘에서 가장 눈부신 별이라고 늘 자랑을 했지요. 입이 닳도록 자랑을 하는 바람에, 다른 별들은 귀가 따가워서 견딜 수가 없었어요. 그래서 그 입 좀 막아달라고 타네 신에게 부탁을 했어요. 타네 신은 곰곰이 생각을 한 끝에, 알데바란별을 뽑아서 그 떠벌이 별을 향해 내던졌어요. 알데바란은 전혀 다치지 않고, 떠벌이 별만 조각이 났지요. 하나의 별이 여섯 개의 작은 별로 쪼개진 거예요. 이 별들은 그래도 뽐내는 걸 그만두지 않았어요. 전보다 더 아름다워졌다고 뽐냈지요. 하지만 이제는 큰 소리로 떠벌리지 않고, 소곤소곤 속삭이게 되었답니다.

## 황소자리 찾기

플레이아데스는 페르세우스의 발 아래 놓여 있어요. 좀더 아래쪽에 황소자리가 놓여 있지요. 이 황소는 크레타로 헤엄쳐 가고 있어서 머리만 보이고 나머지 몸뚱이는 물 속에 잠겨 있다고 상상하세요. 몽둥이를 들고 있는 사냥꾼 오리온을 뿔로 들이받으려고 한다고 상상해도 좋아요.

플레이아데스는 여섯 개의 별로만 보이기 쉬워요. 일곱 개의 별을 모두 볼 수 있다면 시력이 아주 좋은 거예요. 쌍안경으로 플레이아데스를 바라보면, 약 50개의 별을 볼 수 있어요. 망원경으로 바라보면, 400개에서 500개까지도 볼 수 있어요.

### 우주 이야기

★ 행성이 별처럼 보이기도 한다. 별과 행성의 차이는 무엇일까? 우선 별(항성)은 스스로 빛을 내고 행성은 항성의 빛을 반사한다. 별은 제자리에 있는 것처럼 보이고, 행성은 움직이는 것처럼 보인다. 행성을 다른 날 밤에 보면, 주위 별자리는 그대로 있는데 행성만 자리를 바꿨을 것이다.

★ 행성은 성도(별자리 그림)에 나오지 않는다. 그건 위치가 일정하지 않기 때문이다.

★ 명왕성을 제외한 모든 행성은 황도십이궁 안이나 근처에서 발견할 수 있다. 수성, 금성, 화성, 목성, 토성은 별들에 비해 밝기가 밝아서 맨눈으로도 잘 볼 수 있다.

## 오리온자리
(겨울 별자리)

그리스 신화에 나오는 오리온은 유명한 거인 사냥꾼이자 전사였어요. 그는 세상의 어떤 동물이라도 사냥할 수 있다고 뽐냈지요. 하지만 전갈한테는 당할 수가 없었어요. 거대한 전갈과 싸우다가 발꿈치가 찔려서 그만 죽고 말았지요. 그후 오리온과 전갈은 다시 싸우지 않도록 하늘 반대편의 양끝에 자리잡게 되었답니다. 게다가 오리온은 겨울 별자리이고, 전갈은 여름 별자리.

다른 신화도 있어요. 오리온은 오이노피온 왕의 딸인 메로페와 사랑에 빠졌어요. 왕은 결혼을 허락해주는 척하면서 결혼식을 계속 미루었어요. 딸과 결혼할 자격이 있는지 증명해보라면서, 계속 아주 어려운 일만 시켰지요. 마침내 오리온은 왕이 결혼시켜줄 마음이 없다는 걸 알게 되었어요. 그래서 메로페를 데리고 도망치려고 했는데, 왕이 알아채고는 선수를 쳤어요. 오리온에게 술을 먹여서 잠을 재운 후 눈을 멀게 했답니다. 그러고는 오리온을 외딴 섬에 내버렸지요.

장님이 된 오리온은 망치 소리를 듣고, 그 소리를 따라갔어요. 그건 대장장이 신 헤파이스토스가 일하는 소리였어요. 헤파이스토스는 오리온을 딱하게 여겨서, 자기 하인 한 명을 내주었어요. 오리온을 시중들라고 갈예요. 오리온은 태양신 아폴론의 집에 가면 시력을 되찾을 수 있다는 신탁을 받았어요. 그래서 하인에게 동쪽으로 길 안내를 하게 해서, 마침내 태양이 떠오르는 땅에 도착했지요. 막 떠오르는 태양을 향해 서 있자 다시 눈에 보이게 되었어요.

오리온은 크레타 섬에 갔다가 달의 여신 아르테미스를 보고 그만 반해버렸어요. 아르테미스는 달 전차를 모는 일을 맡고 있었지요. 그런데 오리온과 사랑에 빠진 나머지 할 일을 까맣게 잊고 말았어요. 그녀의 쌍둥이 오빠인 아폴론이 화를 냈지요. 할 일을 소홀히 하지 말라고 다그쳤지만, 아르테미스는 들은 척도 하지 않았어요.

어느 날 오리온이 바다에서 목욕을 하고 있을 때, 아폴론은 빛으로 오리온을 가려놓았어요. 그리고 아르테미스에게 말했어요. 화살을 쏘아서 저 빛을 뚫을 수 있겠느냐고. 아르테미스는 뽐내고 싶은 마음을 참을 수 없어서 즉시 화살을 날렸어요. 그 화살은 빛 너머에 있는 오리온에게 꽂히고 말았지요. 오

### 더 깊은 이야기

- 옛날 여러 문명권에서는 오리온자리가 저녁에 떠오르면 겨울과 폭풍이 다가온다고 생각했다. 새벽에 떠오르면 여름이 다가오고, 한밤중에 떠오르면 포도를 수확할 때가 되었다는 뜻이었다.
- 맨눈에는 별들이 대개 하얗게 보이지만, 적색 초거성인 베켈게우스는 빨갛게, 청백색 초거성인 리겔은 파르스름하게 보인다.
- 베켈게우스는 '거인의 어깨'를 뜻하는 아랍어에서 유래한 말이다. 지름이 우리 태양의 500배쯤 되고, 밝기는 1만 8,000배쯤 된다.
- 오리온의 허리띠 오른쪽 아래 있는 리겔은 하늘에서 일곱 번째로 밝은 별이다. 리겔은 '거인의 왼쪽 다리'를 뜻하는 아랍어에서 유래한 말이다. 그것은 사실 하나의 별이 아니다. 망원경으로 바라보면 그것이 두 개의 별(쌍성)이라는 것을 알 수 있다.
- 오리온의 허리띠는 세 명의 동방박사, 혹은 세 명의 왕이라고도 불렸다. 그들은 막 태어난 아기 예수를 경배했다는 인물들이다.
- 허리띠 아래에서 가물거리는 별을 찾아보자. 그것은 오리온 성운이다. 이 성운에서 아기 별이 태어나고 있다. 우리 은하에서는 아기별이 18일마다 하나씩 태어난다.

리온의 시체가 파도에 실려온 것을 본 아르테미스는 가슴이 미어졌어요. 그녀는 오리온을 전차에 실어서, 가장 어두운 하늘에 얹어 놓았답니다. 오리온의 별이 가장 밝게 보이도록 말예요.

### 오리온자리 찾기

이 별자리를 찾는 방법은 여러 가지가 있어요. 플레이데스 성단에서 황소자리를 지나 조금만 더 가면 오리온자리가 나와요. 카시오페이아자리로 찾을 수도 있어요. 카시오페이아가 하늘 높이 떠 있을 때, 동쪽을 바라보고 있으면 오리온자리가 떠오르는 게 보일 거예요.

오리온의 허리띠인 세 별은 서로 가까이 있고, 거의 똑같이 밝아요. 지평선에서 눈길을 들어올리면 나란히 빛나는 세 별을 쉽게 찾을 수 있을 거예요.

허리띠의 선을 연장하면 온 하늘에서 가장 밝은 별인 시리우스를 찾을 수 있어요. 시리우스가 있는 큰개자리, 그리고 작은개자리는 오리온의 사냥개가 별이 된 거랍니다.

### 우주 이야기

★ 우주먼지나 가스로 이루어진 구름을 성운이라고 한다. 성운 안에서는 중력이 가스와 먼지 입자를 끌어당긴다. 시간이 지나면 점점 더 작은 구름으로 오므라들어서, 회전을 하며 열을 내뿜게 된다. 그렇게 수만 년 이상이 흐르면 별이 만들어진다.

★ 우리 태양 크기의 별이 만들어지는 데에는 2천만 년쯤 걸린다. 가스 구름이 뭉쳐서, 수소가 헬륨으로 바뀔 수 있을 만큼 높은 압력과 온도를 갖게 되는 데에는 그렇게 긴 시간이 필요하다. 그후 이 별은 열과 빛의 형태로 에너지를 내뿜게 된다.

## 천문학 : 평생의 취미

밤하늘은 반짝이는 거대한 그림 지도예요. 이제 여러분은 적어도 15개의 별자리 위치를 알게 되었을 거예요. 그리고 밤하늘이 더욱 친근해지고 더욱 신비해졌을 거예요. 지금 우리가 보는 별들의 모습은 수천 년 전 사람들이 본 것과 똑같아요. 그건 정말 놀라운 일이 아닐 수 없어요. 수만 년이 더 흐르면 몇 개의 별자리는 모습이 바뀔 거예요. 하지만 우리가 살아 있는 동안에는 모습이 거의 바뀌지 않을 거예요.

위치를 아는 모든 별자리의 목록을 만들어보세요. 먼 곳을 여행할 때에도 잊지 말고 밤하늘을 관찰하세요. 얼마나 멀리 여행하느냐에 따라서, 별자리가 같을 수도 있고 다를 수 도 있어요.

별자리 찾기는 혼자 할 수도 있고, 여럿이 즐길 수도 있는 좋은 취미랍니다. 날이 춥지 않을 때에는 야외에 돗자리를 깔고 누워서 밤하늘을 살펴보세요. 오랫동안 차를 타고 갈 때에도 밝은 별들을 찾아보세요. 혹은 밤에 산책을 하면서 별똥별을 만나 보세요.

별자리는 여러분이 어디에 있든 항상 여러분을 반겨줄 거예요. 그럴 때마다 별자리에 얽힌 이야기도 떠올려 보세요.

### 우주 이야기

★ 별들은 하루가 지날 때마다 4분씩 일찍 떠오르고, 2주가 지나면 한 시간 일찍 떠오른다. 1년이 지나면 하루 일찍 떠오른다.(1년 전과 똑같은 시간, 똑같은 자리에 나타난다)

★ 다음 계절의 초저녁에 나타나는 별들을 보고 싶으면 조금만 더 늦게까지 하늘을 바라보면 된다. 한밤중 무렵에 그 별들이 떠오르는 것을 볼 수 있다. 다음다음 계절의 별들은 새벽 4시 무렵에 떠오른다.

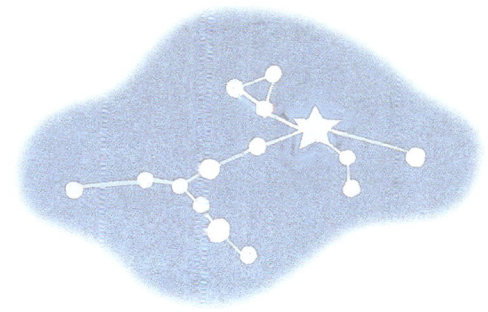

## 별자리 목록

아래 별자리 88개는 대한민국을 기준으로 한 거예요. 주극성 별자리는 대부분의 북반구에서 1년 내내 볼 수 있는 별자리인데, 위도가 낮은 곳에서는 한 계절의 별자리가 된답니다(그 계절을 괄호 속에 표시). 남쪽 별자리 15개는 높은 산에서 볼 수 있는데, 전부 다 보이는 것도 있고, 일부만 보이는 것도 있어요.

### 주극성 별자리(7개)

| | |
|---|---|
| 기린자리(가을/겨울) | 세페우스자리(가을) |
| 용자리(여름) | 작은곰자리(봄/여름) |
| 카시오페이아자리(가을) | 큰곰자리(봄) |
| 큰곰자리(봄) | 페르세우스자리(겨울) |

### 봄의 별자리(13개)

| | |
|---|---|
| 까마귀자리 | 머리털자리 |
| 목자자리 | 바다뱀(히드라)자리 |
| 북쪽왕관자리 | 사냥개자리 |
| 사자자리 | 살쾡이자리 |
| 육분의자리 | 작은사자자리 |
| 처녀자리 | 천칭자리 |
| 컵자리 | |

### 여름의 별자리(12개)

| | |
|---|---|
| 거문고자리 | 궁수자리 |
| 독수리자리 | 돌고래자리 |
| 방패자리 | 백조자리 |

| | |
|---|---|
| 뱀(꼬리, 머리)자리 | 뱀주인(땅꾼)자리 |
| 여우자리 | 전갈자리 |
| 헤르쿨레스자리 | 화살자리 |

### 가을의 별자리(11개)

| | |
|---|---|
| 고래자리 | 남쪽물고기자리 |
| 도마뱀자리 | 물고기자리 |
| 물병자리 | 삼각형자리 |
| 안드로메다자리 | 양자리 |
| 염소자리 | 조랑말자리 |
| 페가수스자리 | |

### 겨울의 별자리(9개)

| | |
|---|---|
| 게자리 | 마차부자리 |
| 쌍둥이자리 | 오리온자리 |
| 외뿔소(유니콘)자리 | 작은개자리 |
| 큰개자리 | 토끼자리 |
| 황소자리 | |

### 높은 산에서 보이는 별자리(남쪽하늘 별자리 : 15개)

| | |
|---|---|
| 고물자리 | 공기펌프자리 |
| 나침반자리 | 남쪽왕관자리 |
| 돛자리 | 두루미자리 |
| 봉황자리 | 비둘기자리 |
| 에리다누스 강자리 | 이리자리 |

| | |
|---|---|
| 조각도(조각칼)자리 | 조각실(조각가)자리 |
| 켄타우루스자리 | 현미경자리 |
| 화로(화학로)자리 | |

### 볼 수 없는 별자리(21개)

| | |
|---|---|
| 공작자리 | 그물자리 |
| 극락조자리 | 날치자리 |
| 남십자자리 | 남쪽삼각형자리 |
| 망원경자리 | 물뱀자리 |
| 시계자리 | 용골자리 |
| 인도인자리 | 제단자리 |
| 직각자자리 | 카멜레온자리 |
| 컴퍼스자리 | 큰부리새자리 |
| 테이블산자리 | 파리자리 |
| 팔분의자리 | 화가(이젤)자리 |
| 황새치자리 | |

## 우리나라의 사계절 별자리 보기

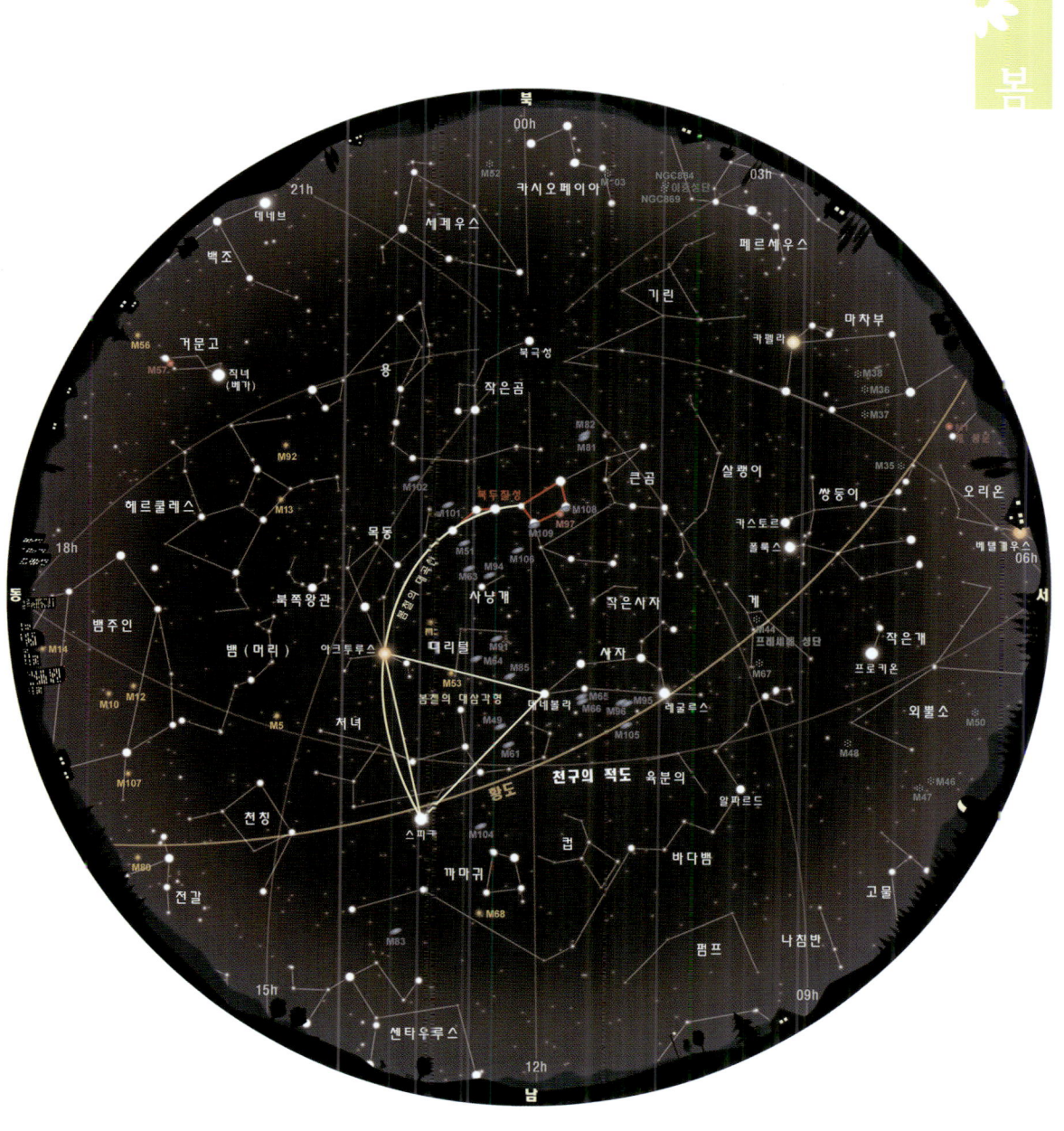

여름

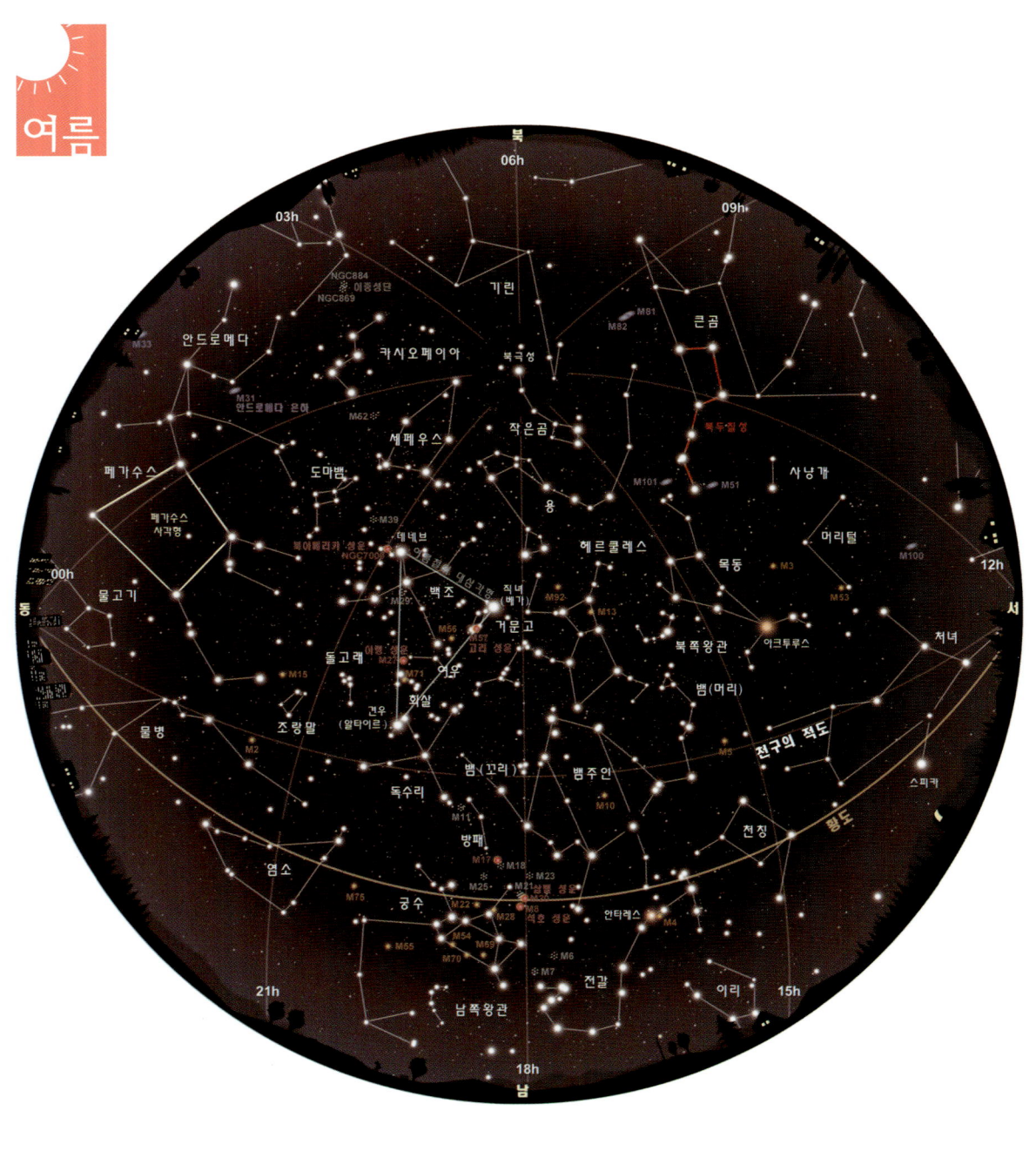

54

## 낱말풀이

**광년(光年)** : 빛 광光, 해 년年. 우주에서 빛이 1년 동안 나아가는 거리를 1광년이라고 한다. 우주가 워낙 커서 이렇게 시간으로 거리를 나타낸다. 1광년은 9조 4,600억 킬로미터.

**등급** : 별의 밝기는 등급으로 나타난다. 중요한 것은 겉보기등급과 절대등급인데, 지상에서 관측한 별의 밝기가 겉보기등급이고, 표준거리인 32.6광년(10파섹) 떨어져 있다고 가정할 때의 겉보기등급이 절대등급이다. 겉보기 등급은 밝기가 2.512배 증가하면 한 등급이 올라간다(숫자가 작아진다). 즉, 1등급 별은 2등급 별보다 약 2.5배 더 밝다. 어떤 별은 너무 밝아서 마이너스(-) 등급으로 표시한다.

**망막, 간상세포, 원추세포** : 망막(網膜)은 그물막이라는 뜻. 뭔가를 보는 눈 세포를 시(視)세포라고 하는데, 안구(눈알)벽 가장 안쪽에 시세포가 모여 있는 투명하고 얇은 막이 망막(網膜)이다. 시세포에는 간상세포와 원추세포가 있다. 간상(杆狀)은 몽둥이 간杆, 모양 상 狀. 몽둥이(막대) 모양의 세포라는 뜻의 간상세포는 명암(밝고 어두움)을 느낀다. 원추圓錐는 둥글 원圓, 송곳 추錐. 그즈음에는 원추 대신 원뿔이라는 말을 많이 쓴다. 원뿔세포는 특히 사물의 색깔을 느끼는 작용을 한다. 야행성 동물은 원뿔세포가 적거나 아니면 전혀 없다.

**별자리** : 하늘의 별들이 신화 속의 인물이나 동물을 닮았다고 상상해서 무리 지어 나눠 놓은 것. 천문학자가 특정한 별을 찾을 때, 뱃사람들이 방향을 헤아릴 때, 인공위성을 추적할 때 편리하게 이용된다. 점성술에도 이용되지만, 종교적으로도 의미가 깊다.

**북극(北極), 북극성(北極星)** : 북쪽 북北, 끝 극極, 북쪽 끝, 다시 말하면 지구에서 가장 북쪽 지점을 북극이라고 한다. 북극 머리 위에 가장 가까이 있는 별이 북극성이다. 북극성은 바뀐다.

**불빛 공해** : 한자말로는 광해(光害)라고 한다. 천체 관측 등에 지장을 주는 도시의 조명등 불빛을 광해라고 한다. 불빛이 불필요한 지역에 비춰져서 해를 끼치는 것이 광해이다.

**블랙홀(black hole)** : 검은 구멍이라는 뜻. 빛을 포함해서 가까이 있는 모든 것을 강한 중력으로 끌어당겨서 별이 안으로 붕괴한 것. 그 안의 중력이 무한대가 되어, 빛·에너지·물질·입자 등 어느 것도 밖으로 탈출하지 못한다.

**성단(星團), 성운(星雲)** : 별 성星, 모임 단團. 성단은 같은 때에 같은 물질로 만들어져서 서로 가까이 모여 있는 별들의 무리를 가리키는 말이다. 은하보다 작은 규모로, 수백 개에서 수십만 개의 별들로 이루어져 있다. 별 성星, 구름 운雲, 성운은 항성이나 행성이 없이 우주먼지나 가스로 이루어진 천체를 일컫는 말이다(오리온자리 '우주 이야기' 참고).

**쌍성(雙星)** : 짝 쌍雙, 별 성星. 중력에 이끌려서 서로 끌어당기며 (강강술래를 하듯) 짝을 지어 같은 궤도를 도는 여러 별. 별들의 공통 무게중심이 궤도의 중심이 된다. 두 개의 별로 된 쌍성은 이중성, 세 개의 별로 된 쌍성은 3중성, 네 개의 별로 된 쌍성은 4중성이라고 한다.

**알파별, 베타별** : 한 별자리에서 가장 밝게 보이는 별을 알파별이라고 한다. 다음으로 밝은 별은 베타별. 알파($\alpha$), 베타($\beta$), 감마($\gamma$), 델타($\delta$), 입실론($\varepsilon$), 제타($\zeta$), 에타($\eta$)… 순서로 이어지는데, 그건 그리스어 알파벳 순서이다. 그런데 거리와 관계없이 지구에서 더 밝게 보이는 것을 기준으로 했기 때문에, 알파별이 실제로도 가장 밝은 것은 아니다.

**우리 은하** : 태양이 속해 있는 은하로 우리가 보고 있는 은하수이다. 영어로는 은하수 은하 **Milky Way Galaxy**이다.

**우주년, 태양년** : 우리 태양이 우리 은하의 둘레를 한 바퀴 도는 데 걸리는 시간. 1우주년은 약 2억 4,000만 년이다. 한편, 태양년은 태양이 지구를 돈다고 가정해서, 황도를 따라 태양이 천구를 한 바퀴 도는 데 걸리는 시간을 뜻한다. 1태양년은 365.24219878…일.

**유성** : 우주를 날아다니는 물질들이 지구 대기에 부딪혀 증발하면서 생기는 빛의 자국, 보통 '별똥별'이라고 부르는 것이다.

**운석** : 유성체가 대기를 뚫고 지면에 떨어진 것.

**유성우** : 지구와 유성체 무리가 만나서 하늘의 한 지점에서 많은 유성이 복사되는 것처럼 보이는 현상.

**은하, 은하수** : 중력에 끌려서 서로 모여 있는 수많은 별과 우주먼지와 가스들의 무리를 은하라고 한다. 한자말 은하(銀河)는 은빛 강이라는 뜻. 영어로는 은하를 galaxy(갤럭시)라고 하는데, 그건 그리스어로 '우유의 길 milky way'이라는 뜻이다. 영어로 은하수가 **milky way**인데, 은하수는 우리 은하의 옆모습이다(세페우스자리, 카시오페이아자리, 북쪽왕관자리, 백조자리의 '우주 이야기' 참고).

**적도(赤道), 위도(緯度), 경도(經度)** : 적도는 행성이나 위성을 남북으로 똑같이 둘로 나누는 상상의 원이다. 이렇게 나눈 북쪽 반은 북반구, 남쪽 반은 남반구이다. 위도는 적도에서 북쪽 혹은 남쪽으로 얼마나 멀리 떨어져 있는가를 나타내는 각도이다('작은곰자리 찾기' 참고). 경도는 위도와 함께 지구상의 위치를 나타내는 좌표인데, 영국의 그리니치 천문대를 지나가는 본초자오선을 경계로 해서 지구를 동과 서로 나눈 것이다. 서울특별시는 북위 37도, 동경 126~7도이다.

**적색거성(赤色巨星), 백색왜성(白色矮星)** : 붉을 적赤, 색깔 색色, 클 거巨, 별 성星, 적색의 커다란 별. 팽창을 하며 겉이 식어 가는 늙은 별이 적색거성이다. 흴 벅白, 색깔 색色, 난쟁이 왜矮, 별 성星, 흰색 난쟁이별이 백색왜성이다. 적색거성이 팽창한 후 수축을 하면 백색왜성이 된다.

**주극성(周極星)** : 둘레 주周, 극 극極, 별 성星. 하늘의 극(북극과 남극) 둘레에 있는 별 또는 별자리. 뜨거나 지지 않고 다만 극 둘레를 도는 것처럼 보인다(지구가 돌고 있기 때문).

**지축(地軸)** : 지구의 북극과 남극을 꿰뚫는 상상의 직선. 이 직선 축을 중심으로 해서 지구가 서쪽에서 동쪽으로 자전을 한다. 그런데 지구는 비틀거리며 도는 팽이처럼 약간 기우뚱하게 돈다. 그것은 태양과 달의 중력이 지구를 끌어당기기 때문이다(작은곰자리 참고).

**천구(天球)** : 겉보기에 모든 천체가 붙어 있는 가상의 구. 고대에는 문자 그대로 존재하는 것으로 믿었다.

**천문학(天文學), 천문학자, 천문대(天文臺)** : 별들의 위치와 거리, 밝기, 크기, 운동, 성분 등을 비롯한 천체를 연구하는 과학. 천문학자는 천문학을 연구하는 과학자. 천문대는 망원경 등의 장비를 갖추고 천문학을 연구하는 건물이다.

**혜성(彗星)** : 밝을 혜彗, 별 성星. 우리 태양계 안에서 타원이나 포물선을 그리며 태양 둘레를 도는 긴 꼬리를 가진 천체. 천체(天體)란 지구 대기 안에 있는 것을 제외한 우주의 모든 물질을 뜻한다. 태양과 달도 천체이고 우주먼지도 천체이다. 혜성은 태양에 가까워질수록 꼬리가 길어진다.

**황도(黃道)** : 태양이 천구를 가로지르는 태양의 겉보기 운동 경로이다.

**황도궁(黃道宮)** : 점성술에서 사용하는 용어로 황도를 12부분으로 나누었을 때 각각을 차지하는 12개의 별자리.

## 찾아보기

**ㄱ**

가니메데스 34
간상세포 12, 53
감마(별) 22~25, 54
거문고자리(알파별은 직녀성) 17, 31~37
겜마(북쪽왕관자리 알파별) 28, 29
견우성(알타이르, 독수리자리 알파별) 29, 34, 35, 38~42
광년(光年) 9, 53
금성(金星) 37

**ㄴ**

날개 달린 말, 페가수스 참고 40~42
남극성(南極星) 17

**ㄷ**

다나에(페르세우스의 어머니) 24~25
데네브(백조자리 알파별) 31~38
독수리자리(알파별은 견우성) 34, 35~37
돌고래자리(알파별은 수알로킨) 38, 39

**ㄹ**

로타네브(돌고래자리 베타별) 39
리겔(오리온자리의 다리) 46, 47

**ㅁ**

마르카브(페가수스자리 알파별) 40, 41
망막(網膜) 12, 53
메두사(머리카락이 뱀) 24, 25, 40, 41
메로페(사냥꾼 오리온의 연인) 46
명왕성(冥王星) 45
목성(木星) 45
목자자리(알파별은 아크투루스) 11~15, 26~29
미네르바(그리스 아테나 여신과 동일한 로마 여신) 30
미노스(크레타의 왕) 28, 29
미노타우로스(황소 머리에 사람 몸뚱이) 29, 30
미라(고래자리의 변광성) 21

**ㅂ**

백색왜성(白色矮星) 32, 55
백조자리(알파별은 데네브) 31, 32, 37
베켈게우스(오리온자리 알파별) 46, 47
벨레로폰(페가수스를 타고 키마이라를 무찌른 왕자) 41, 42
변광성(變光星) 21, 23
별의 밝기 53
북극성(작은곰자리의 알파별) 11, 13, 15~17, 19,
북두칠성, 큰 국자 참고 11, 15, 22, 44
북십자성, 백조자리 참고 32
북쪽왕관자리(알파별은 겜마) 28~30
불빛 공해(광해) 12
블랙홀(검은 구멍) 39

## ㅅ

사냥개자리(알파별은 콜카롤리) 26, 27
색깔 11, 12, 53, 55
색깔 11, 12, 53, 55
성분 11, 56
성간공간(星間空間) 30
성단(星團) 15, 44, 54
성운(星雲) 48, 54
스피카(처녀자리 알파별) 27
시그누스(파에톤의 친구) 32
시리우스(온 하늘에서 가장 밝은 별)
신탁(神託) 46, 48
쉐아트(페가수스자리 베타별) 40, 41
쌍성(雙星) 41, 47, 54

## ㅇ

아르카스(작은곰) 13
아르테미스(달의 여신) 47, 48
아리아드네(디오니소스의 아내)
28, 29, 30
아리온(인기 가수) 39
아스테리온(사냥개자리 베타별) 27
아크투루스(대각성, 목자자리 알파별)
15, 26, 27
아폴론(태양과 음악의 신) 33, 47
아프로디테(사랑의 여신) 33, 36, 37
아테나(전쟁과 지성의 여신) 19, 24,
40, 41
아틀라스(하늘을 떠받치고 있는 신) 44

안드로메다(페르세우스의 아내)
20, 21, 23, 24
안드로메다 은하(M31) 23
알골(페르세우스자리 베타별) 24~25
알데바란(황소자리 알파별) 43~45
알코르(미자르와 쌍성을 이루는 별)
13~15
암피트리테(포세이돈의 아내) 38
에우독소스(고대 그리스 천문학자) 19
에우로페(황소로 둔갑한 제우스와 결혼)
43, 44
에우리디케(오르페우스의 아내) 33, 34
여름 삼각형 37, 39
오르페우스 31, 33, 34
오리온 성운 47
오리온자리(알파별은 베텔게우스) 46, 48
오이노피온(메로페의 아버지) 46
오케아노스(바다의 신) 14
온도 11, 48
운동 17, 56
용자리(알파별은 투반) 18, 19
우리 은하 21, 23, 30, 54
우주년(宇宙年) 32, 55
우주먼지 23, 25, 30, 48
운석(隕石) 55
원추세포 12, 53
위도(緯度) 16, 17, 55
유성(流星) 25, 55
은하(銀河) 55

은하수(銀河水) 55
이카리오스(목자자리의 주인공) 26, 27
인공위성 34, 53

## ㅈ

작은개자리(알파별은 프로시온) 48
작은곰자리(알파별은 북극성) 16, 17
작은 국자 15, 16, 19
적도(赤道) 16, 17, 55
적색거성(赤色巨星) 32, 55
제우스(신들의 왕) 13, 18, 19, 32, 35~37, 42, 43, 44
중력(重力) 17, 34, 37, 42, 48
지극성(큰곰자리의 알파별과 베타별) 13, 15, 18, 21
직녀성(베가, 거문고자리 알파별) 33

## ㅊ

처녀자리(알파별은 스피카) 27, 44
천문대(天文臺) 11, 55
천문학(天文學) 9, 11
천문항법(天文航法) 17
초거성(超巨星) 39, 47
초신성(超新星) 39

## ㅋ

카시오페이아자리 22, 23
칼리스토(큰곰) 13
케투스(고래) 20, 21, 24

세페우스자리 20, 21
크기 48
큰개자리(알파별은 시리우스) 46, 48
큰곰자리(알파별과 베타별은 지극성) 13, 14
큰 국자(북두칠성) 13, 14, 15
키마이라(머리가 세 개인 괴물) 41, 42

## ㅌ

테세우스(미노타우로스를 무찌른 왕자) 29, 30
테티스(오케아노스의 아내) 14
토성(土星) 45
티탄(거인 신족) 18, 19

## ㅍ

파에톤(태양신 헬리오스의 아들) 31, 32
페가수스(날개 달린 말) 21, 40~42
페가수스자리(알파별은 마르카브) 40, 41
페르세우스자리 24, 25
페르세우스 팔 21
포세이돈(바다의 신) 20, 22, 38, 40
프톨레마이오스(고대 그리스 천문학자) 9
플레이아데스 성단 43, 44

## ㅎ

하데스(저승, 저승의 왕) 33, 34
행성(行城) 19, 34, 37, 44, 45
헤라(제우스의 아내, 신들의 여왕)

13, 14, 18
헤라클레스 18
헤르마프로디투스(헤르메스와 아프로디테의 아들) 37
헤르메스(전령 신) 36~37
헤파이스토스(대장장이 신) 47
헬리오스(초기 태양신) 31, 32
혜성(彗星) 25, 56
황도십이궁(양자리, 황소자리, 쌍둥이자리, 게자리, 사자자리, 처녀자리, 천칭자리, 전갈자리, 궁수자리, 염소자리, 물병자리, 물고기자리) 45, 44
황소자리(알파별은 알데바란) 43~45
히아데스 성단 43~44
히파르코스(고대 그리스 천문학자) 27

## 사고력과 창의력을 키워 주는
# 승산의 어린이 영재과학 도서

### 천문학 시리즈(전 3권)
조앤 힌즈 지음 • 승영조 옮김 • 각 권 7,000원

1. 밤하늘의 선물, 별자리 이야기
2. 태양계의 아홉 신화, 행성 이야기 아침독서추진본부 선정 추천도서
3. 달 이야기 출간 예정

**밤하늘이 들려주는 아름다운 과학 이야기!**
별자리, 행성 그리고 달에 얽힌 신비로운 이야기와 함께 우주에 대한 과학적 사실들을 곁들여 아이들의 문학적 상상력과 과학적 호기심을 동시에 북돋아 주는 완성도 높은 그림책입니다.

### 생명공학 시리즈(전 4권)
프랜 보크윌 지음 • 한현숙 옮김 • 각 권 6,500원

1. 즐거운 세포            3. 유전자 가족
2. 병원균의 습격          4. 멋진 DNA

**미래의 생명공학 박사를 꿈꾸는 어린이들을 위한 만화 스타일의 생명공학 입문서!**
DNA의 이중나선 구조를 처음으로 밝혀 노벨상을 받은 왓슨 박사의 콜드스프링하버 연구소가 과학영재를 위해 펴낸 생명공학 학습서입니다.

### 영재과학 물리 시리즈(전 8권) 영문 동시 수록!
잭 챌로너 지음 • 박병철 옮김 • 각 권 7,500원

1. 빛과 어둠              5. 밀기와 당기기
2. 젖은 것과 마른 것      6. 빠른 것과 느린 것
3. 뜨거운 것과 차가운 것  7. 큰 소리와 작은 소리
4. 뜨는 것과 가라앉는 것  8. 큰 것과 작은 것

**어린이가 있는 가정과 학교 도서관에 꼭 있어야 할 값진 책**
— 《프라이머리 사이언스》

이 시리즈를 스스로 반복해서 읽는 어린이는 중등 교육과정의 물리 이론을 이해하는 데 필요한 기본기를 갖출 수 있습니다.

  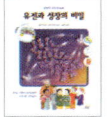 

### 생명의 우주탐험 시리즈(전 4권)
패트릭 뷰얼, 로버트 랜더 지음 • 승영조 옮김 • 각 권 7,500원

1. 환상적인 세포의 세계
2. 우리 몸의 수호천사와 악당들
3. 유전과 성장의 비밀
4. 놀라운 유전공학

**마이크로머신을 타고 몸속으로 떠나는 흥미진진한 생명공학적 탐험기!**
화려한 색감의 일러스트와 함께 녹록지 않은 생명공학적 내용을 재미있게 설명해 줍니다.

아침독서추진본부 선정 추천도서
### 우리 몸속 이야기
애너 샌더먼 지음 • 승영조 옮김 • 9,800원

몸의 생김새를 보여 주기 위해 특별히 엄선된 사진과 그림을 결합했고, 쉬운 글로 친절하게 몸속 기관의 기능을 설명했습니다. 의학 전문가의 자문을 받은 만큼 내용 또한 알찹니다.

### 클릭! 인체의 신비
애나 클레이번 지음 • 윤소영 옮김 • 15,000원

**인터넷과 함께하는 인체 탐험!**
대학교 전공 책에나 나올 법한 생생한 사진들과 함께, 주제와 관련된 웹사이트를 소개하여 시각과 청각까지 만족시켜 주는 흥미진진한 인체 학습서입니다. 『우리 몸속 이야기』를 본 아이들이라면 욕심 내어 읽어 볼 만한 책입니다.